남부시 3

그 눈망울의 배후

복효근 외

남부시 3

그 눈망울의 배후

지은이 복효근 외
펴낸이 최명자

펴낸곳 책펴낸열린시
주소 부산광역시 중구 동광길 11 203호
전화 051 464 8716
출판등록번호 제1999-000002호
출판등록일 1991년 2월 4일

인쇄일 2014년 4월 7일
발행일 2014년 4월 10일

ⓒ복효근 외, 2014. Busan Korea
값 10,000원

ISBN 978-89-87458-80-9 03810

• 저자와 협의하여 인지를 붙이지 않습니다.
• 잘 못된 책은 바꿔 드립니다.
• 이 책의 내용 중 일부 또는 전부를 저자 및 출판사의 동의없이 사용하지 못합니다.

「이 도서의 국립중앙도서관 출판시도서목록(CIP)은 서지정보유통지원시스템 홈페이지(http://seoji.nl.go.kr)와 국가자료공동목록시스템(http://www.nl.go.kr/kolisnet)에서 이용하실 수 있습니다.(CIP제어번호: CIP2014008570)」

제3시선 01

그 눈망울의 배후

편집위원
나종영, 김태수, 오정환, 최영철, 강영환

□ 남부시 3집을 내면서…

2009년 초 부산 시인들이 중심이 되어 영남, 호남, 제주 시인들이 〈남부시〉 창간호에 함께 할 수 있었던 것은 행복이었습니다. 이는 중앙 집중화되고 있는 현실을 타개하고 지역의 정서와 시대정신을 표출해 내고자 했던 시인들의 뜨거운 열망이 모였던 것이 아닌가 생각됩니다. 우리는 〈남부시〉를 통해 개성있고 차별화된 시를 창작해 나갈 것임을 밝힌바 있습니다. 그리고 2010년 세종시의 변질과 4대강 사업, 언론 미디어 장악 음모 등 지역균형발전과는 거리가 먼 방향으로 정부정책이 뒤집어지고 있는 현실 속에서 우리는 남부시 2호 〈너는 왜 여기에 서있지〉를 발간하였습니다.

2014년 다시 우리는 여기에 섰습니다.

구럼비에 건설되는 해군 기지와 원자력의 위협 속에서, 주민들이 원하지 않는 송전탑이 밀양땅에 강압적으로 세워지고 있고, 국가기관의 불공정한 선거개입으로 대선의 부정선거 의혹이 가시지 않은 상태에서 벌어지는 각종 의혹들과 간첩 조작사건, 정당 해산 등 불합리하고 불평등한 일들이 공권력에 의해 비호되고, 감춰지고, 자행되는 암울한 시대 상황 속에서 경제적 약자들은 어찌할 수 없이 생명을 스스로 끊어야 하는 가슴 아픈 현실이 있습니다.

세상이 혼돈에 빠질수록 문학인은 시대정신을 요구받습니다. 그것은 시대를 앞서 살아야 하는 것이 우리 문학인의 생리이기 때문입니다. 〈남부시〉는 세 번째를 준비하면서 남부 지역 시인들의 성숙된 시세계를 통해 시대 상황을 엮어내고, 아울러 외연을 확대하여 우리 시문학의 새로운 지표를 제시하고자 합니다.

그리고 이번호부터 어느 한 지역이 경제적 부담을 갖게 하는 것보다 참여하는 시인이 부담을 나누어 갖자는데 편집위원 및 동료 시인들이 의견을 함께해 주셨고, 발간 후 지리산 인근에서 함께 자리할 수 있는 기회를 갖기로 하였습니다.

청탁하는 과정에서 본의 아니게 누락 되거나 연락이 안 된 우리 지역의 시인들에게 죄송한 마음을 금치 못하며, 청탁 후 전혀 독촉없이 기한 내 접수된 원고와 사전 연락에 의해 늦어진 원고만으로 이뤄진 것은 어디까지나 자발적 참여를 원칙으로 세워나가고자 함이었습니다. 남부 지역의 더 많은 시인과 함께하지 못한 아쉬움을 다음 호로 넘기고자 합니다.

남부지역의 문학적 독립을 위해 원고 청탁에 흔쾌히 응해 주신 용기있는 시인들게 감사를 드립니다. 〈강영환〉

2014 3 부산에서

□ 남부시 3을 내면서 · 4
□ 목차 · 6

강달수 노숙자 · 10/불일폭포 · 11
강미정 집중 · 12/ · 밥14
강영환 속터진다 · 16/석장승 곁에서 · 17
고명자 연두 · 19/허물어라, 탑 · 20
고영서 그 여름날의 푸랭이 · 22/라푼젤 · 23
권경인 행복한 사람 · 25/바람의 집 · 26
권서각 월장 · 27/간고등어 · 28
권애숙 보름 · 29/그믐 · 30
권정일 얼굴은 아름다운 제목 · 31/어떻게 · 33
김경숙 혼자 흔들리다 · 34/내 얼굴은 세탁 중 · 35
김규태 짐승이 죽으면 · 36/손 · 37
김석주 3월의 노래 · 38/한 · 39
김선희 두드러기 · 40/물총고기 · 41
김성춘 허기 붉다 · 42/함박눈 2 · 43
김수열 한국의 엄마들 · 44/욕실에서 · 45
김수우 해골의 배회 · 46/거미줄 · 48
김요아킴 물 같은 사랑 · 49/털보네 장의사 · 50
김점미 검은 구토 · 52/미, 장 · 54
김준태 봄, 연가 · 56/자정을 넘어서 쓴 시 · 57
김태수 바닷가 외딴집 · 58/을씨년스럽다를 배우다 · 60
나종영 천원 백반집 · 62/무등산 · 63
노창재 우수가 지나가던 풍경 · 64/생명 · 65
동길산 총소리 · 66/대설 · 67
류명선 멸종 · 68/새 날이 왔다 해도 · 69

류인서 '우리'라는 말의 우리 · 70/비탈 · 71
문인수 폭우 바깥으로 간다 · 72/꽹과리 · 74
박관서 몸의 족보 · 75/선로변에서 · 76
박구경 산의 식사 · 77
　　　　이제 집으로 돌아갈 시간입니다 · 78
박두규 귀가 순해지는 나이 · 79/갑오년을 맞으며 · 80
박윤규 친구 모씨의 집에 갔더니 · 81
　　　　꿈꾸다 만 것 같은 · 82
박정애 그릇 · 83/숲의 고전 · 85
박춘석 겨울남자 2 · 87/화분&꽃 · 89
박태일 을숙도 · 91/나는 김주열이다 · 92
배옥주 그림자 지층 · 94/옮겨심기 · 95
복효근 전등 · 96/그 눈망울의 배후 · 97
서규정 청바지 · 98/도둑놈가시 · 99
서정홍 가장 짧은 시 · 101/공짜 돈 · 102
성명남 꽃다발 · 104/고의적 착오 · 105
성수자 벽화 · 106/위로 · 107
성창경 자작나무 숲을 걷다 · 108/종이컵 · 109
송미선 손목 · 110/안부 · 111
송유미 환지통 기차 · 112/如如의 손 · 113
송　진 ㅎㄷ moon bird 2 · 114/ㅎㄷ moon bird 3 · 115
송태웅 반야의 당신 · 117/저녁에 · 118
신정민 착지 · 119/시이소오 · 120
오정환 되돌아 가는 것 · 121/시간 · 122
유병근 메모리칩 · 123/참깨야 문 열어라 · 124
이규열 外道 1 · 125/外道 2 · 126
이성희 벽암록 1 · 127/벽암록 2 · 128

이월춘 달팽이의 자초지종 129/도다리쑥국 130
이인우 불평등 강의실·131/섬이 되는 법·132
이정모 공중의 얼굴을 보다·134/식솔·136
이지담 돌탑·138/청자 발우·139
이지인 눈물·140/파·141
이초우 경계·143
　　　　나는 도시인, 네 하루는 10x24다·145
이해웅 저녁이 되어·147/페르소나·148
장진명 향을 피우며·150/천변풍경·152
전홍준 야만적인·154/가을을 노래하다·155
정안나 기념비적인 봄날·156/출구에 서다·157
정의태 바보같은 아침·159/너희가 강이더냐·160
정익진 코요테를 기다리며·162/코요테를 기다리며·164
조성래 고요한 시간·166/추어탕·167
조해훈 순쌀빵집·168/일광역·169
차승호 穴居時代·170/달밤·171
최승아 광대들·173/인디언서며·174
최영철 우레·175/바이올린 듣는 밤·176
최정란 눈사람·177/부표·179
최휘웅 건망증·180/집 나간 나·181
한보경 개와 늑대의 시간·182/돼지국밥 24시·183
해　연 보름달이 이어준 다리·184
　　　　그네를 닮은 여자·185
황길엽 빈혈·186 /시간·187
황학주 맑은 개천처럼·188
　　　　올로마이야나와의 여행·189

남부시 3

강미정

집중 외 1편

밥 한 숟가락도 온몸을 비틀며 받아먹고
좋다고 고개 끄덕이는 것도 온몸을 비틀며 했다

목욕을 시켜줄 때도 옷을 갈아입힐 때도
온 몸을 비틀며 있는 힘을 다 썼다

간혹 온몸을 비틀어 짜낸 육즙 같은
웃음 한 송이 겨우 얼굴에 얹기도 했다

힘쓰고 싶지 않은데 몸이 저절로 힘을 꽉 쓴다고
힘겹게 한 문장의 말을 짜내기도 했다

아주 잠시 피어나는 웃음꽃을 위하여
아주 잠시 피는 말 한마디를 위하여
그는 그가 가진 모든 의지를 모아서
있는 힘을 다해 있는 힘껏 집중하는

저 사람이 가진 삶의 진실은
온 힘을 다하여 생을 살아내는 것인지도 모른다

아무렇지도 않게 술술 나오는 나의 말과 행동도
온몸을 째내듯 마음을 쓰라는 것인지도 모른다

웃음이 이토록 힘들어서 울음은 생각지도 못했다는
그의 일그러진 입술에 흐른 침을 정성껏 닦아준다

밥

 점심때 주거니받거니 언성이 높아지던 말다툼이 어쩌다 크게 싸움으로 번져 밥 먹던 밥상이 마당으로 던져졌다 그릇이 깨지고 음식이 다 쏟아졌다

 그날 저녁 어머니는 바가지에 밥을 퍼서 마룻바닥에 내놓으셨다 그리곤 밥 빌어먹을 때는 바가지를 쓰는 거다 하고 짧고 단호하게 말씀하셨다

 어머니의 그 말씀이 무엇을 뜻하는지 몰랐던 우리 오남매 마룻바닥에 오목하게 둘러앉아 숟가락소리 딸그락거리며 헤헤 웃으며 바가지에 든 밥을 맛나게 퍼먹었다

 밥을 귀하게 여기지 못하는 사람은 가족을 책임질 줄 모르는 사람이다, 밥상머리에서 늘 들던 아버지의 훈계 생각이 나서 흘린 밥알 하나 없이 싹싹, 긁어먹었다 입 가득 밥을 넣고 오물거렸다

 그런 우리를 가운데 두고 아버지의 눈에선 푸른 광채가 잠시 번득였지만 어머니의 눈에선 눈물이 축축하게 괴어 흐를 듯 했지만 아버지도 어머니도 말없이 조물조물 무친 나물을 우리들 밥숟가락에 올려주셨다

허물어라, 탑

차라리 이 늙은이 몸에 플러그를 꽂아라
765킬로와트보다 더 뜨거운 피를 송전해주마
비탈진 들판은 조상님과 한가지다
감 대추를 팔아 자식들을 키웠으나
나무의 그늘까지도 다치게 하지 않았다
물길 들길을 거슬러 산마을을 이룬
거친 맨발들을 보아라
내 아비가 터를 지켰으니
나는 하늘을 지킨다
밀양, 믿고 우러른 것은 눈부신 하늘이었으니
내 머리 위 송전탑 어림없다
너희들아, 뼈를 갉아먹는
욕망의 전선을 거두어라
이것은 밀양만의 문제가 아니다
목숨 지닌 것들의 죽고 사는 문제다
명분의 사슬로 목숨을 옭아매는 폭력이다
미래를 담보로 미래를 죽이는 어처구니다
오늘을 빌미로 오늘을 불행 쪽으로 몰아붙이는 모순이다
 집단이 개인을 부가 빈을 도시가 농촌을 착취하려는 음모다
 지구를 제 호주머니에 넣고 동전처럼 굴려 보겠다는 어리석음이다

고명자

연두 외 1편

소매 끝 실밥만 같아서
떼어 주려고 헛손질했는데
새끼손톱만큼 자라
바람을 거슬러간다
저 높이 어떻게 다달았을까
오르자, 더 깊은 허방을 찾아가자
어제는 그 어제보다 또랑또랑해졌으니
춥다 춥다 던져놓았던 겨울 말씀들
연두로 번져간다
빠끔히 열린 눈
우리는 들여다볼게 많아서 좋다
손아귀 뿌리칠 만큼 힘찬 꼬리지느러미
저 비린 것들 헤엄쳐 닿으려는 곳 궁금하다
햇살 한 짐 이고 물속처럼 조용한 나무 아래를 걷는다
오늘이 손닿는 높이에서 오늘만큼 반짝인다

성난 주먹코를 버렸듯 내
미친 웃음을 기억할 수 있을까

    강영환 soolsan@korea.com/ 1951년 경남 산청 출생. 1977년 〈동아일보〉 신춘문예 , 79년 《현대문학》 시 천료, 시집 『집산 푸른 잿빛』 외 다수, 지리산 시집 『불무장등』 외 3권, 시조집 『남해』 외

석장승 곁에서

실상사 가는 길 다리 건너
꼼짝없이 사진 박히면서 네 곁에서
속없는 대팻집나무로 섰다
화내는 네 얼굴 마주하고 웃어야했다
웃음은 잠시 머물다 뜰 것이고
화는 멀리까지 깊이 남을 것이다
화 보다 더 무거운 물이 낮은 곳에서
견고한 화를 안고 떠날 것이다
네 보다 더 성난 몸이 너를 메고
하류로 떠나는 물소리 곁을 지나가는
광음에 가라앉으면서 속수무책
네 그림자 발가락 새 붙은 이끼가 되었다

흘기고 지나가는 불거진 눈이
빛바랜 사진 뒤에서도
한데 남아 사지가 굳어있고
몇 개 주름살 진 미소로
나는 다시 올 수 있을까 이곳
엄천강 강물에 떠가는 빛살로
네 앞을 흘러가버린 얼굴은
누구도 닮지 않아 흔들린다
다리 아래 지나쳐서 내린 강물이

강영환

속 터진다 외 1편

오매, 환장할 바다
더 가까이 푸른색과 눈 맞추면
속 터진다 환히 비치는 속살에
눈이 터진다 만날 수 없었던 속 깊은
환한 빛이 눈에 들어 와
속 바닥이 껍질째 푸르게 터진다
수평선에 난 먼 길로
뭉쳤던 속이 신나게 터진다
구름과 내통하고 물밑
귀신고래, 가다랭이와도 통하는
해일은 덮칠 속만 생각한다

동해 수평선이 말하는 소리에
귀가 시원하게 터진다
푸른 짝사랑으로 달려가는 내게
속 한 번 시원하게 터지고 싶을 때
오래 익은 푸른색이 먼저 터진다
풍경을 그려나가다 빼앗긴 눈물을
느낌으로 받아들인 뒤 돌아누워
나는 그 깊은 눈 속에 들고 싶다
이름을 불러만 봐도 속이 뒤집혀
출렁거리며 미어터지는 바다 어디
그 같은 춤 없을까 어매요

그 뒤 우리는 어쩌다 골이 나서 들고 있던 밥숟가락을 툭 던지듯 상에 놓는 날은 먹던 밥도 치워지고 하루 종일 밥을 먹을 수 없었다

강미정 mij1421@naver.com/경남 김해 출생. 1994년 《시문학》 등단. 시집 『타오르는 생』 외. 〈빈터〉 동인.

차라리 늙은 이 몸에 플러그를 꽂아라
피눈물 흘리는 주름살 지글지글 끓고 있는 주름살
765킬로와트보다 뜨거운 늙은이 목숨을 송전하여라
너희들 내일에 불을 밝혀라

   고명자 atgn0987@hanmail.net/ 2005년 《시와 정신》 등단. 시집,
『술병들의 묘지』.

고영서
그 여름날의 푸랭이* 외 1편

　스무 살적부터 집안 곡식으로 먹을 벼농사 천 평과 수박 농사가 전부라던 광주 금곡동 문용덕 씨의 수박밭에는 열무잎처럼 야들야들한 잎사귀들 사이 크고 실한 초록 한 덩이 익어가고 있었제

　해발 300m 이상에서만 자란다는 무등산 수박 말이여

　여름 끝자락에는 상중喪中인 사람도 가까이 않고 거둬들인다는디, 예전에는 밭 가운데 제단을 만들고 산신께 제際를 올렸다 하네

　욕심부리며 살 일 무에 있겠소, 한 줄기에 수박 한 통이면 더 바랄 것이 읎어라우! 그이의 말씀 뒤로 하고

　바닥의 배꼽이 작고 치면 통통 거리는 중후한 소리를 내는, 몸속이 죄다 연분홍인 뜨건 여름의 눈물을 받아다가 동쪽 상에 올린다 홍동백서紅東白西 산그림자를 늘이며 한 계절이 이슬을 털고 내려오는 소리

*푸랭이: 무등산 수박을 일컫는 말

바람의 집

우연이란 없는 것이다 봄 어느 비 오는 날
반나절 노동 후에 얻어온 제라늄 한 포기
잠시 캄캄해지더니 유난히 추운 겨울
소한 지나 대한, 그리고 입춘에게로 쉬임없이
차례로 꽃대 하나씩 밀어올려 꽃을 피우고는
침묵조차 군더더기인 양 절로 고요해져서
스스로 詩도 놓아버리고 나비의 눈길도 지나와
날마다 여리고 고운 꽃잎 몇 장씩 훌훌 떨구어버리는
생성과 소멸의 그 엄격함이라니!

초라한 욕망과 노쇠한 상처도 꽃이라면
섣부른 희망이나 기다림 따위 미련 없이 왈칵 쏟아내며
차라리 봄은 아주 무심하게 온몸이 상처투성이인
붉은 꽃이나 한 다발 안고 돌아온다

권경인 mogerja@hanmail.net/ 1991년《한국문학》등단, 시집 『변명은 슬프다』

권경인

행복한 사람 외 1편

모든 관계는 오해의 관계이다
새들에겐 비상이 꿈이 아니라 치열한 생존의 몸짓이듯
아무리 걸어도 꿈이 되지 못하는 길이 있다
너를 만나는 일이 그러했다
어느 산 능선이나 골짜기 어디쯤에서
지하철, 백화점, 아득한 시공의 갈피, 갈피에서
우리 무수히 스러지고 다시 태어났으나
가지 않은 길은 결국 가지 못한 길이다

폭풍처럼 부러지지 않겠다,
목조 계단을 내려섰을 때
폭우가 쏟아지고 있었다
말들이
세상 울음이
가득했다 차라리 넉넉하였다

삶을 단단하게 살려는 자는 외롭다

허튼 약속을 버린다

긴 코를 벌름거리는 꼴이라니
누구도 그녀의 시선을 빠져나가진 못해요
큼, 큼, 낯선 냄새를 맡고
이렇듯 찰나에 밀어버리다니
덩굴 속으로 당신,
가시에 찔려버린 두 눈
잘라도 잘라도 짧아지지 않는
내 머리
건널 수 없는
저 건너의 강
유리창마다 저녁을 걸어 두었는데

* '미와야나기'의 동화시리즈 중에서

 고영서 yuongsimi@hanmail.net/ 전남 장성 출생. 2004년 〈광주매일〉 신춘문예 당선. 시집 『기린 울음』. 혼재 리얼리스트 100 동인.

라푼젤

> 할머니는 왜 이렇게 무거워
> 뭐라고?
> 마녀는 화를 내며 라푼젤의 머리카락을
> 잘라버렸습니다
> 그러나 머리카락은 잘라도 잘라도
> 짧아지지 않았습니다*

저 건너는
건널 수 없는 강인가봐요
유리창마다 저녁을 걸어 두었는데
나는
입구도 없고
계단도 없는 탑에 갇혔죠
내 노래에 귀를 기울인 당신이라면
금발을 죽죽 늘어뜨릴 테니
나의 유일한 통로를 붙잡아요 쉬잇,
나의 그녀가 오나 봐요
지금껏 나를 길들인 저 여자 앞이라면
조심해야 해요
기둥 뒤에 숨어요, 바짝 엎드리라고요
샐러드 한 접시에 후식은 생략,
한가득 일몰을 몰고 와서는

권서각

월장 외 1편

봄엔 그 집 목련이 고개를 들어

담장 밖을 내다보더니

한여름 능소화 담장을 넘었다

누군지 모르지만, 오래 된

그리움을 품은 사람이 사는 가 보다

간고등어

온몸에 가시를 박고 살다가

자글자글 불에 구워져

내 밥상에까지 왔구나

누군가 소금까지 뿌렸구나

얼마나 아픈 세월이었느냐

이제 가시를 발라주마

   권서각 kweon51@chol.com/전에 이름 권석창. 1977년 〈조선일보〉 신춘문예 시 당선. 시집 『눈물반응』, 『쥐뿔의 노래』 산문집 『그이 우에니껴?』 등

권애숙

보름 외 1편

  이쯤에선 퉁퉁 붓지 않은 것이 없다. 머리카락도 한 뼘은 더 자랐는데 허기마저 탱탱한 길 위에서 다시 허둥거린다. 마지막 각을 뭉갠 사방이 천천히 열린다. 발밑이 환하다는 건 뒤돌아보지 말라는 유혹이다. 절정은 어디로든 계단을 놓을 수 있는 때. 너무 둥글어져 아무것도 껴안지 못한다는 당신을 향해 이젠 편안히 쭈그러들 일만 남았다. 구겨넣었던 모서리 몇 끄집어내 선물을 쌀 보자기처럼 바닥을 펼칠 일만 남았다.

그믐

  어떤 지붕은 사람 얼굴을 한 새들을 여럿 붙들고 있다. 바람이 바람을 지우는 동안, 날개가 날개를 짓누르는 동안, 방향을 바꿀 수 없는 차들이 언덕을 몰고 간다. 또 한 번의 거덜난 풍경이 되돌아 올 수 없는 건너편으로 옮겨 앉을 때, 우리가 몰아부친 저녁이 숟가락을 놓는다. 후광도 없는 지붕에 걸려 보일 듯 말 듯 흘러내리는 저 작은 맨발들. 어떤 사람은 새의 가면을 벗고 새는 사람의 가면을 벗는다.

  권애숙 ogi21@hanmail.net/ 94년 〈부산일보〉 신춘문예, 95년 《현대시》로 작품활동. 시집 『맞장 뜨는 오후』외

권정일
얼굴은 아름다운 제목 외 1편

女子는 고집이 센 어두컴컴한 옅색체를 가지고 누웠다
얼굴을 뒤집어 쓴 고집의 에고를 벗기는, 집도의
얼굴을 개명하기 위해
마치 고요한 제의를 치르듯 엄숙한 메스
진피에서 자라온 문양은 더는 어쩔 도리가 없어
결코 뒤태를 보이지 않는 얼굴, 메스! 메스를 꽂을 시놉시스에는
'연습용이미지 얼굴이 없으면 안전할 퀜데'라고 쓰여 있다, 말하자면

갈비뼈 하나로 이 땅에 女子로 태어나 인간의 전철을
인간이 아닌 女子로 女子답게 질투하며
서서히 女子가 되어가야만 하는 사실
스스로 얼굴을 쓰고 읽고 이해하는 수밖에

마음이 예뻐야 女子?
절대 절대로 X를 그으며 가로젓는 메스
그러니까 발견과 발명의 차이에 대해 다시 말하자면
얼굴의 점은 발견이고 양학은 발명일 텐데
유를 찾아내는 것과 유를 창조하는 것의 차이일 텐데
미간과 미소 사이에서 생식하는 긴장에 대해
슬그머니 바뀌는 女子에게 한 번 더 X를 긋는 메스

켜켜이 쌓인 무표정을 걷어낸 진짜의 모델링
 점을 빼고 선을 깎고 녹록을 닦아 밤이 되었다 달이 뜬다, 달은 누굴까?

어떻게

 무심히 멈춘 경찰서 앞, 오토바이를 정차시키는 제복이 물었다. 어떻게 오셨어요? 어떻게 라는 "어떻게"에 갇혔다. 왜? 이면서 무엇, 누구, 언제, 어디서, 이기도 한

 여기 토끼 한 마리가 있다.
 토끼는 잠시 몸을 말리러 이곳에 왔다고 했다. 실은 동료 토끼의 눈이 아직 빨간지 염탐하러 왔다고 했다. 토끼는 귀가 길쭉하고 뒷발이 앞발보다 두 배쯤 길어 인간들도 여간해서 잡지 못한다고 했다. 애시당초 토끼 몸속에는 간이 존재하지 않았는데 아무도 모른다고 했다. 그래서 용궁에서도 간을 지킬 수가 있었다고 했다 그 덕분에 지금 막 용궁에서 빠져나와 이곳저곳 기웃거리다 우뚝 멈춘 여기라 했다. 단지 정의를 수호하는 이곳 참수리 마크가 노란색이었나? 참 재미없는 멈춤이라고 했다. 밤콩 같은 제동을 먹으면서 다시 뛸 수 있기를 기다린다고 했다. 눈이 무릎까지 덮이는 날 오로지 인간人間만이 토끼몰이를 해서 토끼를 잡아먹는다고 했다. 언제어디서나, 누구를 위해, 무엇 때문에, 왜, 정말 어떻게 해야 할까? 아직도 모른다고 했다.

 권정일 poet801@hanmail.net/ 충남 서천 출생. 1999년 〈국제신문〉 신춘문예 등단. 시집 『마지막 주유소』, 『수상한 비행법』, 『양들의 저녁이 왔다』

김경숙

혼자 흔들리다 외 1편

자정 넘도록 휴대폰은 눈썹 하나
까딱 않는데 폴더를 여닫던 지문이 글썽인다

침묵하던 빈창이 나를 읽고 있다
어둠 깊숙이 얼룩지는 낯선 고요
무방비 상태에서 표정을 스캐닝한다
수천 개 모니터가 뇌를 포스팅한다
스마트한 블랙커피가 식어가는 배경
초기화면에 엉거주춤 내가 읽힌다
페르소나 아바타 뭉크가 복사된다

"좋아요 멋져요 기뻐요
 눈물은 전송되지 않습니다"

불면에도 연신 웃고 있는 이모티콘
수신되지 못한 입술로 돌아와 투신한다

"안녕하십니까"

커피 방울 하나 가슴에 방점을 찍는다

내 얼굴은 세탁 중

밀린 임금을 받지 못해
마이너스통장이 울먹이는 늦저녁
세탁소에서 일주일치 외출이 배달되었다

이만 육천 원 외상으로 단장한
폼알데하이드에 취한 어지러운 표정들
거울 앞에 요일별로 걸어 놓는데
흔들리는 낯빛이 무지개색으로 아프다

아무렇게나 벗어 놓은 팔다리가
세탁기 속에서 한바탕 얻어맞아
피멍으로 엉켜있는 눈물

축축한 얼굴들이
건조대에 사지를 매달고
주인의 외출을 기다리고 있다

  김경숙 kindlysook@hanmail.net/강원도 화천 출생. 서울 성장. 2007년 《월간문학》 등단. 시집 『얼룩을 읽다』 외 산문집 『우리 시대의 나그네』 외. 한국바다문학상 수상.

김규태

짐승이 죽으면 외 1편

도끼에 찍히면,
더구나 죽임을 당할
까닭도 없이,
머리통 토막 나고
그리고 기어이 땅의 입김
다시 맡을 수 없다면
누구나 새파랗게
아니 그 보다 더 짙은
빛깔로 얼굴들 변하리라
폭풍에 뒤집힌
바다의 어느 절벽,
그 때 바라본 피의 바다는
나에게 다가와 검붉은 원한을 품은
마지막 짐승의 모습이었다
빈혈로 못 견디게 숨찬 것은 그토록 내팽개친
살 쩜 덜 먹은 탓,
내 피 맑게 하려고
변색한 짐승의 마지막 피를
적게 먹은 탓이란다

손

바람이 불어 와
가까이 머물 때
나는 내 손을 바라본다
손은 최초에
충격을 준 도구였다
어떤 죄목인지 모른 채
저지르고
손등으로 눈물을
닦아 내었다
최초로 맛본
내 몸속의 염분 내
내 손등에 오래 묻어 있던
상실의 통증
그 때 그 바람이
지금도 가끔
먼 손님처럼
잊지 않고 찾아 온다

　김규태 kyute2335@hanmail.net/1934년 대구출생. 1957년《문학예술》, 1959년《사상계》등단. 시집 『철제장난감』, 『졸고있는 神』, 『들개의 노래』, 『흙의 살들』 등.

김석주
3월의 노래 외 1편

이제는 너와 나
우리가 먼저 따스한 가슴을 열고서
사랑한다, 그 다 못한 말들을
속삭여야 할 때가 왔음이로다.
다시 또 3월이 오고 간드러진 새소리에
아지랑이 더덩실 춤추는 산들바람과
남해바다 저 헐떡이는 봄소식에
웃음꽃이 만발한 강변의 초원
이 변함없는 대 자연의 위대한 변화 앞에
우리 다 같이 읍하고 경배하며
환호소리 더 높여야할 때가 왔음이로다.
지난겨울 그 차고 매서웠던 바람
그들의 무자비한 횡포에 알몸으로 맞서 이긴
그대 아아 이 땅의 당당한 풀들이여
오늘 다시 우수 경칩 지나 삼월삼짇날이 오고
돌아 온 저 흥부제비의 다정한 문안인사에
세상시름 그까짓 것 잠시 내려놓고서
아, 이제는 너와 나
우리가 먼저 무딘 가슴을 열고서
목청껏 사랑한다, 사랑한다 소리치며
어울려 하나 되어야할 그런 때가 다시 왔음이로다

한恨
-제주 4.3 영령들의

열심히 살려고 했던 죄밖에 없었습니다
부모님 뫼시고
처자식과 더불어 오순도순
정답게 살려고 했던 그런 욕심밖에 없었습니다.

고깃배 늘 만선의 꿈을 꾸고
조개잡이, 풍성한 텃밭을 일구며
벗과 서로 마주보고 앉아
국밥 한 그릇에 막걸리 한사발이면
콧노래 흥얼흥얼
세상사 부러울 것이 없던
우리네의 인생

사람답게 살려고 했던 죄밖에 없었습니다
너와 나 우리 다정한
이웃사촌이 되어 옹기종기
더불어 살려고 했던 그런 욕심밖에 없었습니다

김석주 namhe55@hanmail.net/ 경북 경산 출생. 86년 《시의길》로 등단. 시집 『조선고추』, 『들꽃의 노래』 외

김선희
두드러기 외 1편

어머니가 나를 긁어요 몇 달째 긁고 있어요
밤마다 나는 꽃으로 피어나지요
저 붉은 꽃 잎사귀 보셨나요
한 아름 가려움을 선사해 드려요
나는 순식간에 피어났다 사그라지지요
열꽃처럼 황홀한 꿈을 꾸어요
온갖 모양의 무늬와 덩굴을 뻗어
어머니의 시간을 지배해요, 점령해요, 퍼져나가요
나는 어머니의 근심으로 자라는 덩굴 꽃이예요
어머니가 나를 긁어요 긁을 때 마다 나는 통쾌해요
한 때는 잠도 재우지 않고 괴롭히기도 했지요
비틀거리는 어머니가 약을 먹어요
밤마다 먹다가 이틀, 사흘, 몇 달째 약을 먹어요
아마 몇 년째 먹을지도 모른다고 귀띔해 주었지요
어머니의 인내심을 저울질 해 보아요
어머니가 낙심했어요
나를 좋아하지 않는 어머니가 나를 긁어요
죽도록 긁어도 지지 않는 꽃이란 걸 잘 모를 거예요
어머니의 몸으로 피는 수많은 덩굴꽃을 이해해야 해요
또 밤이네요 두려워하고 있네요
친절하세요 어머니,

물총고기

  맹그로브 숲의 물총고기가 물총을 쏘아 사마귀를 잡아먹는데요
  팔라우 섬의 맹그로브 숲에 물이 들면 나무에 붙은 벌레들을
  귀신같은 조준으로 물총을 쏘아 잡아먹는데요
  얼마나 물살이 센지 단번에 벌레가 공중으로 튀어 오르고
  거꾸로 처박히면 날쌔게 헤엄쳐 넙죽 받아먹는데요
  유럽 사람들은 이 신비로운 고기를 소문만 들었는데요
  어디 사는 무슨 고긴지도 모르고 자꾸 헛다리만 짚었는데요
  한번 물총으로 떨어지지 않으면 두 번, 세 번 쏘아
  떨어뜨리고야 마는,
  맹그로브 숲에 숨어 사는 노란 꼬리어 가로무늬 검은 줄
  물총고기를 보신 적 있나요?
  아이들의 장난감 물총보다 정확하게 맞힌다는데요
  팔라우 섬에 가보세요, 맹그로브 나무 밑에서 기다려보세요
  명사수 물총고기와 맞딱뜨릴거예요

-----

  * 김선희 kshee812@hanmail.net/ 1991년《문학세계》등단. 시집 『달빛 그릇』외 5권.

김성춘

허기 붉다 외 1편

영하 18도 아침 감나무에 까치밥 하나
쨍한 하늘에 붉다
어디서 까치 두마리
두리번 두리번 어디론가 교신을 보낸다
너의 불안, 어디서 오는가
바람 부는 세상 끝 쪽인가
섬세한 주둥이로
물컹한 붉은 살의 아침 식탁
둥글게 둥글게 흠향하는 너
궁핍을 쪼아 먹다
나무 아래로 물컹한 붉은 살 팽개친다
허기에 흔들리는 너와 나의 영혼
그 중심부터 둥글게 둥글게 바싹 깨어진다
남루한 목숨의 식탁이여
영하 18도 아침 감나무가 가벼워졌다.

함박눈 2

오늘은 어느 절에 그렇게 다녀오셨나요
그곳에서도 지팡이 짚고 절에 가시나요
오시다가 구름 의자에 몇 번이나 걸터 앉으셨나요
당신이 보고 싶은 날 하늘이 칵, 막혀요
여기 골짜기 경주에도 몇 십년 만의 폭설이
대설주의보가 낯선 손님처럼 찾아 왔어요
밤 깊도록 하얀 무명 저고리 흩날리며
들판 끝까지 펄펄펄 찾아 왔어요
아직도 해독하기 어려워요 당신의 그 은빛 상형문자
아프게 흘러가는 생의 강물소리인가요
슬픔이 닿지 않는 컴컴한 터널속인가요
언제 다시 따뜻한 그 손 잡을 수 있나요
아, 분명
슬픔이 닿지 않는 정원의 먼 종소리
신의 영역, 당신!

김성춘 kimsungchoon@hanmail.net, 1974년 《심상》 제1회 신인상, 시집 『물소리 천사』 외 다수, 가토르문학상 외 수상, 현 동리목월 문학관 교학처장, 계간지 '동리목월' 편집장

김수열

한국의 엄마들 외 1편

딸아, 딸아, 여기 봐, 여기 보라니까
너, 언니처럼 서울대 못 가면, 여기 보라니까
연고대는 가야 해, 알았지, 딸아
딸아, 엄마 보라니까, 그럼 엄마가
너, 수능 끝나는 날, 딱, 너 친구하고 너, 가고 싶은 데
해외여행 보내줄 게, 여기 봐, 여기 보라니까

인천을 출발하여 캄보디아 씨엠립으로 가는 비행기 안
승객들은 잠이 들어 엔진소리만 괴괴한데
바로 뒷좌석에서 낮지만 간절한 때로 단호한
끊어질 듯 이어지는 엄마의 목소리

여기 보라니까, 딸아, 연고대만 가면
엄마가, 딸아, 엄마 좀 봐, 수능 끝나는 날
너, 유럽 배낭여행……
고3이 되는 딸아이는 잠이 부족한 지 아무 반응이 없다

욕실에서

앙코르와트를 건설한
크메르족 혈통의 모기를
압살하기 위해 세 번, 네 번
일곱 번, 여덟 번 손뼉을 친다

혈통이 혈통인지라 모기는
박수갈채를 받으며
압살라 춤사위로 유유히 사라진다

김수열 /제주 생. 1982년 《실천문학》으로 등단. 시집 『어디에 선들 어떠랴』외 산문집 『김수열의 책읽기』 『섯마파람 부는 날이면』 등이 있음. 제4회 오장환문학상 수상.

김수우

해골의 배회 외 1편

아무도 기다리지 않는다
아무도 그립지 않다

모퉁이를 돌면 헌 책방이 있고
그 옆에서 오래 전 죽은 영웅의 동상이 종일 늙어가고
그 앞에 버스가 선다 닳은 틀니처럼 덜걱덜걱 버스가 모퉁이를 돌면
그 옆에 글씨 지워진 혁명탑이 주저앉아 있고
그 앞에 간판 없는 가겟방이 저물고
저만치 헌 책방이 전등을 켠다

도착도 출발도 한 자리
사랑도 기다림도 한 자리임을
해골이 된 배회는 안다

모든 배회는 거대한 공간을 밀고 간다 광대한 시간을 밀어낸다
결국 돌아올 곳임을 알기에
배회는 모든 앞과 옆을 믿는다 무지를 믿는다 가난도 자유도 믿는다
파도는 그렇게 생긴다 역사처럼
아무도 기다리지 않아도 광장은 넓고

아무도 그립지 않아도 엽서를 산다

배회 속에서 태어난 것들이 배회하는 동안
그것을 사랑이라고 부르기 위해 애쓰는 동안
어떤 해골이 땅콩 봉지를 팔고 있다

거미줄

언제 다녀갔는지 아침 햇살에 빛나는 한 줄 거미줄

버려진 의자와 깨진 화분을 잇고 있다

무수한 음을 퉁기는 외줄 우주 가볍다 고요하다

내가 만든 커다란 먼지들이 거미줄을 타고 놀면서 나를 보고 있다

출렁출렁 흔들리는 투명한 절망과 적막

어느 순간 문득 툭 끊어질 것을 알기에 최선으로 빛난다

절대 끊어지지 않는 게 아니라
한순간 끊길 것, 끊어져야 함을 잘 알기에

최선으로 빛나는, 빛나야 하는 응시들
구름이 지나간다 재빠르게 흩어진다

김수우 soowoo59@hanmail.net/ 부산 출생. 1995년 《시와시학》 신인상 등단. 시집 『젯밥과 화분』외. 다수의 산문집, 사진에세이집 상재. 2005년 부산작가상 수상. 북카페 〈백년어서원〉 운영.

김요아킴

물 같은 사랑 외 1편

일요일이면 그녀는 늘
새벽으로 스미네
물비늘 같은 女子
깊은 안개가 바다를 담아
물방울이 잔주름진 물결위로
흘러내리는
물을 닮은 女子
그해 유월 광장을 가로지르는
두 바퀴의 청순한 페달
매운 최루가스로 겹쳐오는
가녀린 실루엣
절벽 같은 시대의 끝에 서서
발을 동동 구르는
물로 차오르는 女子
돌아서는 등 뒤로, 결국
가난한 골목 가로등 불빛을 깨며
쏟아지는 한줄기 빗방울
불혹 너머, 그녀는 늘
일요일마다 물로써 스며오네

털보네 장의사

그의 검은 수염은 세상의
모든 주검을 다 거두어가려는
객기로 어려 보였다

아니 간혹 삐져나온 흰털들이
캄캄한 밤에 떠다니는 소복 같아
외려 더 무서웠다

웃지도 찡그리지도 않은 표정과
맞닿은 넓은 그의 이마엔, 애써
주름진 생계의 흔적은 찾을 수 없었다

상가의 근조등이 사위어지고
그가 저세상으로 보낼 운구의 흔적이
또렷한 지문으로 남아 있을
마을 길모퉁이 낡은 목조건물,
삐거덕거리며 한 짧은 그림자가 내는
소리보다 더 낮춰 어린 우리들은
까치발로 죽음을 피해 다녔고
시신이 드나들던 장의차 뒷문엔
아직 지워지지 않은 향내가
곡소리처럼 들려왔다

유년이 깊을수록 그 기억은
더욱 아련히 퇴적되어가고
그리고 지금, 아버지의 육신이
그의 손에 맡겨져 있다

    김요아킴 kjhchds@hanmail.net/ 1939년 경남 마산 생, 2010년 계간 《문학청춘》 신인상 등단. 시집 『헝복한 곡욕탕』 외. 현재 부산 경원고 교사.

김점미

검은 구토

물이 끓고 있다
며칠 전 로스팅한 커피콩이
그라인더에 놓여 있다
하얀 알몸으로 뜨거운 불과 함께 피어올라
육체를 버린 후
한여름 선텐처럼 표피를 바꾼 그들을
손아귀에 쥐고 마음껏 짓누른다

잠을 버리고 커피 잔을 준비한다
까만 밤이 흘러내려 상심한 속을 데운다
한밤에 마시는 커피 한 잔
자정의 막대기로 휘- 저으며
온 방 안으로 스며드는 화두火豆 사이에
기화점을 놓친 잔을 채운다

밤에 마시는 커피는 결코
싱싱한 삶을 위한 것이 아니다
검은 아프리카의 눈물이 말라서
지구 반대편까지 따라온 슬픔
끝도 없는 고통의 열매를 속으로 집어놓는 것이다

커피 중독자인 나는

눈물의 중독자
낯선 고통을 흡입하는 자
본 적 없는 땅의 영혼을 강탈하는 자
값싼 희망의 제국주의자

그래서 나는
흥건히 술에 취해, 이 밤 한가운데서
우울하고 거룩하게
또 한잔의 검은 눈물을 마시며
내 속에서 자라는 에디오피아
얼굴도 모르는 검은 아프리카에 경배한다

미美, 장粧

아름답게 장식하기 위해 여인들은
오늘도 미장원을 찾는다

의자에 앉아 얼마간의 돈으로
오래 묵은 누추함을 벗는다
인내심의 한계에서
만사 제쳐 두고
스스로를 포장하기 위하여
요란한 화학 냄새가
온몸을 휘감는 사이
미, 장에 대해 고찰하다 잠이 든다

세상을 사는 복잡한 기술들 사이에서
시대를 초월해 우뚝 선 미의 화신은
숭고한 아름다움의 끝자락에서 분주해지지만

자기 밖의 미장과
자기 안의 미장에
얼마의 거리를 두고 살아 왔을까
의자에서 일어났을 때
허울과 가식으로 지친 머리칼의 변신처럼
내면의 깊이도 미장되어 나오길 바라며

살며시 눈을 떠
나,
를,
본,
다.

    김점미 kimjummi@hanmail.net/ 부산 출생. 2002년 《문학과 의식》으로 등단. 시집 『한 시간 후, 세상은』, 글발공동시집 『사랑을 말하다』, 『토요일이면 지구를 걷어차고 싶다』 등이 있음.

김준태

봄, 연가 외 1편

봄이 오려나 보다
아주 멀리서—

내가 사랑했던
것들이, 이 봄에
다 돌아와 핀다

아 그러나
어떤 것들은
가시에 찔리면서
둥근 얼굴로 핀다

때 맞춰 날아오는
제비 떼를 바라보며
뭉클, 향기를 터뜨린다.

자정을 넘어서 쓴 시

詩가 세상을 바꾸거나 변화시킬 수 있을까
히틀러 때 베르톨트 브레히트도 실토했는데
詩가 세상을 바꿀 수도 구할 수도 없다는 것

—시인들이여! 그러나 바로 그러함 때문에
발 동동 구르며 詩를 바꾸려하는 것이 세상
발 동동 구르며 詩를 변화시키려는 게 세상.

*베르톨트 브레히트(Bertolt Brecht / 1898~1956)

김준태 kjt487@hanmail.net/ 1948년 전남 허남 출생. 1969년 《시인》지로 나옴. 시집 『참깨를 털면서』『국밥과 희망』『불이냐 꽃이냐』『지평선에 서서』『밭詩』 외. 현재 조선대 문창과 초빙교수.

김태수

바닷가 외딴집 외 1편

바닷가 외딴 집에 살았다
집은 바다에서 한 마장 쯤 떨어져 있었다
파도소리 양쪽의 산들이 가로막았고
짭쪼름한 갯내음도 집과는 '해당무'였다
사내의 몸뚱이는 울분뿐이었고
혁명을 꿈꾸고 있었다 바닷가는 늘 전쟁터였다

바닷가는 전투의 흔적이었다
검정고무신짝에 막소주를 따라 마시고
어촌계직영구판장에선 착한 순경巡警의 뺨을 갈겼다
열길 절벽 위에 두 다리 건들거리고 앉아
대포사발에 연거푸 소주를 들이부었다 머리 위
갈매기들이 알 수 없는 울음을 울 건 말 건
작은 배는 먼먼 바다에서 까만 점일 뿐이라는 것도
바다 앞에서 파도소리를 눈치 채지 못했다
낭만적이라고 천만에 그 사내는 전투중이었다

취한 그는 한 마리 짐승이었다
먼 도회에서 쫓겨나 섬으로 훌쩍 헤엄쳐 온 짐승
날카로운 손톱이 손가락으로
발가락 가락 사이는 스물스물 갈퀴가 자라고 있었다
순경조차도 사내의 몸을 휘도는

야수의 흔적을 찾진 못했다
찍히면 삼청교육대로 가는 일천구백팔십 년대
그것이 유일한 생존법이었을 줄

참으로 다행스럽게도 아직 살아있다
몇 백리 떨어진 산골에서도 파도소리를 느끼고
냉장고 속 얼어빠진 한 도막 생선만으로
갯내음까지 떠 올린다 인제 그의 몸통 어느 구석
혁명은 없다 날카롭게 자라던 손톱
왜 발가락 사이 갈퀴 따위가 사라졌는지

오늘 그 섬을 그린다
바닷가 그 절벽은 안녕하신지
막소주 콸콸 들이붓던 어촌계 구판장은 그대로인지
아아, 외딴집은?
그 젊은 한 때 부질없던 울분과
바닷가 그 집에서 꿈꾸던 혁명과 참담했던 전투의 흔적

먼 먼 그 섬 꼭 한 번만 가기로 했다

---

*삼청교육대 : 1980년대 초 전두환은 사회악 일소ㄱ는 미명 아래한 민주화 운동 및 야당인사도 다수 포함된 6만 755명을 군부대에 수용, 54명의 사망자가 발생할 정도로 잔혹한 교육을 실시하였다.

을씨년스럽다를 배우다

이 겨울
언 시금치 몇 포기는 텅 빈 밭에 있다
볼품없이 말라붙은 오이덩쿨은
안 간 힘으로 썩은 대나무를 붙들고 있다
따뜻한 집으로 기어들다 말라죽은
붉은 바탕색과 검은 점 더욱 뚜렷한 무당벌레는
잔혹한 시스템유리창 레일 밑에 있다

대통령 해외방문에 빈대 붙어
봉사하는 동포여성 열심히 성추행한 그 친구 지금 어디
요즘 코빼기도 뵐 수 없다
그 파란 물결 보이는 남쪽 바닷가
지에쓰칼텍스의 터진 송유관에서 콸콸콸 쏟아진 기름
역한 냄새, 찌그러진 낯짝에 붙은 그 큰 콧구멍 틀어쥐다
취재 카메라 들이대자 배시시 웃던 해양수산부
윤머시기 예쁜 여자장관님은 여수 앞바다에 있을 수 없다
농협, 국민, 롯데카드가 온 백성의 속옷 몇 벌까지 까발려
사람들 일순—瞬 불안한 귓속에다
현머시기 경제부총리여 무슨 세종어제훈민정음 한다고
어린 백성들은 멍텅구리라고 일갈했다 지금쯤 퇴근하셨
을 것이다

텔레비전은 온통 을씨년스런 세상소식만 물어 나르는
이 겨울밤 한파주의보, 보일러 기름 축내는 소리
을씨년스럽다는 순 우리말의 정의를 내렸다 갑갑하다

오호라 정말 을씨년스런 풍경이다

* 世宗御製訓民正音 : 세종대왕은 백성들이 제 뜻을 바로 펼 수 있게 훈민정음을 만드셨다.

　김태수 sorikkk@hanmail.net/1949년 경북 성주 출생. 1978년 시집 『북소리(詩人社)』 등단. 시집 『황토마당의 집』외, 시창작지도서 『삶에 밀착한 시 쓰기』, 시인론 『기억의 노래, 경험의 시』가 있음.

나종영

천원 백반집 외 1편

우산동 말바우 시장에 가면
천 원짜리 백반집이 있다
일곱 평 좁은 가게
하늘 땅 기운이 가득 찬 한 상차림 받으시고
오늘도 기운찬 하루되시라고
밥집 이름도 '기운차림 식당'
혼자 사는 꼬부랑 할머니
지팡이 짚고 오는 동네 아저씨
가난한 사람들 시래기 된장국에
밥 말아먹고 가지만
누구나 여기 오면 마음도 배불러
더불어 살아가는 한 가족 따뜻한 식구가 된다
천 원짜리 밥 팔아 더 어려운 사람
도와주는 천원 백반집
얼른 가서 한 그릇 시켜먹고
만원 한 장 적선하고 싶은
사랑 넘치는 천 원짜리 백반집
무등산 내다보이는 말바우 시장에 가면
한 끼 나눔으로 가슴 뭉클해지고
김 모락모락 나는 고봉밥 퍼주는
희망의 밥집이 있다.

무등산

고개를 들어 무등을 본다
말없는 저 산은 어젯밤에도 울었다
눈을 뜨면 새벽 골짜기를 내려와
따숩게 이마를 짚어주던 무등은
광주의 어머니다

고개를 들어 무등을 본다
침묵의 저 산이 오늘 아침 다시 일어섰다
이 땅의 자식들이 피를 흘리던 날이면
바람재를 넘어와 가슴을 쓸어주던 무등은
전라도의 어머니다

옷깃을 여미고 무등을 바라본다
저 산은 눈부신 산정山頂에 서서
얼음꽃을 깨고 날마다 쇠북을 친다
이 땅이 흔들리고 바위가 부서지는 날이면
저 넓고 큰 북이 밤새워 울고 또 울 것이다
무등은 겨레의 젖무덤,
아, 무등산이여!
이 나라의 어머니여!

나종영 najoy1@hanmail.net/54년 광주출생. 81년 창작과비평사 13인신작시집《우리들의 그리움은》으로 등단. 시집으로 『나는 상처를 사랑했네』 외. 「시와 경제」, 「5월시」동인으로 활동. 〈문학들〉 편집인

노창재
우수가 지나가던 풍경 외 1편

구멍 난 양말에 새끼발가락 숨 쉬듯
겨울마을에 모여 살던 양지들

성급한 철부지들은
종종걸음 노랗게 부려서 놓고
엄마는 대청에 앉아
풀 머금고 까슬대는
이불홑청을 꿰었다네.

한 해를 여는 풍경은 언제나
햇살이 감싸 주었다네.

양지가 겨울에 살았듯
분주는 그렇게 조용한
풍경 속에서나 살았다네.

생명

파리한 햇살은
닿아 있으리.

따라간 마음, 가난히
곁에 누우리.

속눈썹은
떴다가 다시
감았을지도 모르리.

자장자장
자장가 불러 준
그 곳은

 노창재 roh-cj@hanmail.net/경남 창녕 출생.《주변인과 시》로 작품 활동. 3인 시집 『삼색』

동길산

총소리 외 1편
－국제시장 실내사격장 화재를 접하고

쉰 나이에 이르도록
세상에 대고
총 한 방 쏘아 보지 못했네
손가락에 걸고
방아쇠 한번 당겨 보지 못했네
표적은 늘 멀고 손은 떨려
서른에도 마흔에도 나는 알고 있었네
눈을 가늘게 뜨고 정조준 한다 해서
표적 중앙이 맞춰지는 게 아님을
중앙 근처 맞추는 것은
어쩌다 요행이란 것을
잠들기 전에도 잠들고 나서도
세상 여기저기서 쏘아대는
탕탕탕 총소리
나를 앞뒤로 관통하는데
나를 꿰뚫고 지나가는데
쉰 나이에 이르도록
세상을 쏘아 보지 못했네
내 손가락에
세상을 걸어 보지 못했네

대설

2010년 3월 10일
눈 귀한 남쪽지방 산간에
눈이 귀한 대접을 받고 있다
높은 나무도 낮은 나무도
가지를 앞으로 내밀어
무게라곤 없어 보이는 눈
공손하게 떠받들고 있다
꽃을 피운 나뭇가지나
꽃을 피울 나뭇가지나
눈을 한가득 떠받들고
순순히 얼어드는 이 봄날
산간 도로를 걷다 말고
양팔을 가지처럼 내밀어
무게라곤 없어 보이는 눈
공손하게 떠받들고 있다
눈보다 가벼웠을 내 삶의 무게
몸 얼어가며 떠받들고 있다

동길산 dgs1116@hanmail.net/1989년 무크지 《지평》 등단. 시집 『뻐꾸기 트럭』『무화과 한 그루』 등과 산문집 '시가 있는 등대 이야기' 『우두커니』 등

류명선

별종 외 1편

저 머리통에 도대체 뭐가 들어 있길래
돼먹지 않은 말로 억지를 부릴까
도무지 알 수 없는 저 머리통은
온갖 거짓을 진실인양 포장하고 우기면서
끈질지게 내뱉는 독설을 보면
어이가 없다 못해 기가 찰 노릇이구나
별년을 내 세워 놓고 별놈들이 스크럼을 짜고
막 해대던 꼬락서니를 보니 그 게 대담이더냐
아무리 지당한 생각들이 따로 노는 국밥이라지만
철면피처럼 얼굴 색깔 한 번 변하지 않고
침 튀기며 시부렁거리던 상판때기를 보니
사람이 저렇게도 뻔뻔스러운지 한심하구나
지 밥그릇 하나 잘 챙겨 보려고
별년의 치마폭에 파묻혀서 꼬리를 흔들며
내장까지 다 꺼집어 내 놓는 이 땅의 별종들
온종일 종편 티뷔이 속에 박혀 벌겋게 흥분하여
별년의 자랑질로 한창이구나

새 날이 왔다 해도

막막했던 그 옛날의 그리움이 밀려올 때면
도대체 난처한 기분이 왜 드는 걸까
뜻대로 이루지 못한 세상의 것들을
지 모양 생긴 그대로 고쳐 보지만
돌아앉은 사람들의 표정이 슬프다
살아있다는 것만으로도 어쩜 다행스럽다 해도
지나온 세월의 고뇌들이 또 다른 한숨으로 번지며
어둠 속에서 나를 지독히도 깨우친다
어쩌면 산다는 게 보내지 못한 한 장의 엽서처럼
앙가슴을 치고 때리는데
차마 말 못할 숱한 사연들을 붙들고
모두들 시린 가슴 속을 못 박고 있다
간혹 지인들로부터 잘 지내느냐는 그 안부
어떻게 사느냐는 그 따뜻한 한 마디
서로 눈치를 보듯 목이 메이듯
어찌, 말하기가 그렇게도 힘드는가
또 별 볼일 없는 새 날이 왔다 하지만
저 들녘에 부는 바람 소리가 너무 아프다

　류명선 bluestar218@hanmail.net/ 1951년 부산 생. 1983년 무크지《문학의 시대》등단. 시집『고무신』『반골』『마침표를 찍으며』등 다수. 계간《시의 나라》발행인.

류인서
'우리'라는 말의 우리 외 1편

 좁게는 이것은 크기와 두께가 다른 여러 개 무늬목 판자와 철제바구니, 작은 나사못, 스프링, 손잡이용 장식고리, 경첩 등의 부품으로 이루어진 장롱 같은 것이다
 그럴싸한 앞면과 어수룩한 뒷면, 엇비슷한 좌우, 컴컴한 바닥과 먼지 쌓인 천장을 가졌다
 이것 속에는 겉옷 속옷은 물론 양말짝, 실, 바늘, 가위, 나프탈렌, 헌 지갑, 서류뭉치의 잡동사니까지 다 있다
 뜻하지 않은 내방객이 닥쳤을 때는 후다닥 이것 속으로 뛰어들어 겁 많은 사슴처럼 몸을 숨길 수도 있다
 오늘 아침 나는 이것의 문을 열다가 바닥에 떨어져 구르는 나사못 두엇을 우연히 발견할 수도 있다 녹슨 스프링을 손바닥에 주워 올릴 수도 있다
 대체 어디인가, 이것 속에 머리라도 들이밀고 살피지만 부속 한둘 빠져나간 틈은 쉽게 눈에 뜨이지 않는다
 뭐 어떨라구, 눈에 보이지 않으니 아직 아무 문제 없는 것이다
 그렇게 태연히 이것은 제 몫의 구실을 한다
 몇 년은 더, 아니 그보다 더 오랫동안이라도 삐걱삐걱 어떻게든 '관계'를 버텨주는 벽으로 서 있을 것이다

비탈

액을 앗긴 나무의 기분은 누가 읽어주나.
매혈買血과 매혈賣血의 이쪽 습벽을 알 리 없는
포로들.
드릴 구멍 캄캄한 발목마다 오랏줄 호스를 감았다.
생이라는 샘이 몸을 다 빠져나가도록
제 몸에서 발 빼지 못하는 이의 숨이
물통에 고인다.
숲의 현기증 위로 새가 온다.
수신자를 찾는 편지처럼 두리번거리다
망각도 기억도 아닌 공기 속으로
사라지는 새.

류인서 ryuksy@hanmail.net/경북 옻천 출생. 2001년 계간 《시와시학》 등단. 시집 『그는 늘 왼쪽에 앉는다』, 『여우』, 『신호대기』등. 현재 대구한의대 강사.

문인수

폭우 바깥으로 간다 외 1편

친구를 묻었다. 바람 불고 억수 퍼부었다.
한 길 구덩이 속에 한 인생이 잠겼다.

우리 모두 젖었다. 친구는 이제 젖지 않을 것이다. 나이 갓 마흔 줄의 친구, 울부짖는 친구 아내의 목구멍 속으로 번개 우레 우르르, 번쩍, 뻗쳐 들어가는 것 보았다. 친구에겐 이제 그 어떤 분노도 일지 않을 것이다. 우리는 그녀 만류해 산 내려왔다. 세찬 비바람 자꾸 앞을 가렸다. 친구는 이제 절망, 절망, 절지 않을 것이다. 다시는 그렇게, 앞 가로막히지 않을 것이다. 그녀는 또 뒤돌아보며 몸부림쳤다. 우리 또한 멀거니 뒤돌아보았다. 지난날들…, 그러니까, 고등학교 동기들. '뫼얼산우회'의 정기산행 때처럼 친구는 이제 따라오지 않았다. 뒤처져, 뒤처져 그렇게나마 느릿느릿 따라오지 않았다. 이제, 따라오지 않을 것이다.

저 산 뿌옇게 뒤덮는 폭우, 폭우, 폭우…,
우리는 익히 그녀의 슬픔을 안다.

하관과 함께 그녀는
구덩이 속으로 미친 듯 뛰어들려 했다.

한 길 구덩이 속에 한 인생이 잠기랴,

이 폭우 다 묻히는 곳, 친구는 마침내 폭우 바깥으로 가고…,

 우리 또한 이 폭우 바깥으로 간다.

꽹과리

산기슭에 빽빽한
이 소나무들, 움직여
제 각각 구불구불, 한꺼번에 움직여

꽹과리, 자지러진다. 저,
엉덩이들을 민다.

　문인수 insu3987@hanmail.net/ 1985년 《심상》으로 등단. 『능수버들』외 4편. 시집 『홰치는 산』등 9권.

박관서

몸의 족보 외 1편

  5번선에 기차 들어온다. 가뭇가뭇한 새벽의 어둠이 통근열차가득 실려 오는, 선잠에 취한 사람들이 나박나박 입을 가리며 플랫홈으로 몰리던, 그런 아침이었을 것이다. 어디에서 날아든 것일까, 푸른 작업복 하나 허리를 꺾고 휘뚝 기관차 배장기 아래로 굴렀다. 표정 없이 가시 쇠못도 녹이는 철길의 뿌리가 되었다. 밤낮없이 천릿길을 오고가는 기차의 내력이 되었다. 그러했다. 울렁이는 가슴 말고는 남길 것도 기억할 것도 없는 그대들 김-모, 남-모, 박-모, 이-모 자갈밭에 남긴 몸의 족보들이 서로를 마주보며 달리는 두 가닥 선로가 되었다. 볼펜 심지를 밀어 선로점검부 칸칸이 이상-무 이상-무 동그라미를 그리며 완행열차 지정선인 5번선을 걷다보면, 하얀 기적에 묻힌 안부들이 봄꽃 가지처럼 불쑥불쑥 돋아난다.

선로변에서

●

눈을, 다시 뜰 때 있다.

이른 봄날 나른한 한낮을 골라 전철기 청소를 하러 간다. 양팔 곱게 벌린 철로와 철로를 칸칸이 이은 침목 위를 **똠방똠방** 건너간다. 발치 아래 자갈밭 사이에 한 뼘이나 될까, 샛노란 눈빛 달랑달랑 내밀고 있는 개불알꽃을 만난다. 가장 먼저 가장 낮은 곳에 서로모여 피는 꽃, 장갑에서 손을 꺼내어 가녀린 풀대와 똘망똘망한 눈빛들을 어르다보면 낮은 하늘 가까운 소리들도 다 지워진다. 하늘하늘 – 마음의 뼈들 다 녹아 발꿈치마저 훈훈해질 무렵에 문득, 등골이 서늘하다. 천둥 같은 기적이 덮쳐와 목덜미를 낚아채 선로 밖으로 동댕이친다. 삼백 킬로로 스쳐가는 고속열차를 따라 와르르르르 무너져 내린다. 눈을 감고 눈을 본다. 환하다. 일거에 나를 비우고 다시, 눈뜰 때 있다. 선로변이다.

박관서 ddh21@hanmail.net/ 전북 정읍생, 1996년 계간《삶, 사회 그리고 문학》신인추천, 제7회 윤상원문학상 수상. 시집 『철도원 일기』

박구경

산의 식사 외 1편

산이
호오, 호오, 하늘을 날던 휘파람새를
산으로 끌고 들어갔다
전깃줄도 잡아들였다

산에는 뭔가가 있다
산은 거울 같아서
마주한 것들이 자꾸 이끌리게 한다
끌고 들어간다

전깃줄이 나왔다
휘파람새가 전깃줄에 앉았다

새알 넣은 호박죽이 먹음직스럽게 끓는 가운데
산이 사철나무울타리도 끌고 들어갔다
호박죽 맛이 사라졌다
무덤 뒤에서 수저 딸그락거리는 소리 들린다
이어
누구의 도라지 담배냄새인가?
요놈의 할망구!

이제 집으로 돌아갈 시간입니다

우리 집은 시골이어도 도로 쪽에 있어 언제나 오가는 사람들이 많았지
다방도 몇 개 있었고
70년대 겨울
고요한 밤이면 삼촌 친구들 휘파람소리가 모여 있었지
그때는 야간통행금지란 게 있어서 자정이 넘으면 밖엘 나가지 못하는 이상한 시절이었어
청소년 여러분, 이제 집으로 돌아갈 시간입니다! 하고
라디오에선 통행금지를 알렸고
그러면 적진의 군영에 침투하는 것처럼 뒤꿈치 들고 몰래몰래 어디 가서 동치미 얻어다 먹는 재미가 있었지
그래도 그때 지서 순경들은 아주 야멸치지는 않았어
지금은 누구네 집에 고구마가 맛있지?
얘기 하다가 보니 정말 그때 같으니
골목골목을 잽싸게 돌아
그 옛날 청소년 여러분! 이제는 우리가 옛집으로 돌아갈 시간 다 된 거지요?

박구경 bugssa@hanmail.net/ 1956년 경남 산청 출생. 1996년 《문예사조》 등단. 시집 『진료소가 있는 풍경』, 『기차가 들어왔으면 좋겠다』 등. '얼토' 동인. 사천시 북사동보건진료소장으로 재직.

박두규

귀가 순해지는 나이

어둠살이 내린 두텁나루 숲에 앉아 강을 바라본다.

바람이 관념의 이마를 빠져나가는 동안

세상이 분명해지고, 어둠은 더 투명해졌다.

귀가 순해지는 나이가 가까워진 게다.

그렇게 강물이 동쪽 끝 먼 바다에 이르는 날

오랜 그대도 여의고, 나는 다시 숲을 나서야 한다.

갑오년을 맞으며

갑오년 첫 모심
오시는 숨, 기쁘게 모시고
가시는 숨, 미련 없이 여읜다.
모든 게 고맙다.

새해 꼭지를 따며 생각한다.
허접한 일상을 살지라도
세상의 모진 바람에 고개 돌리지 않기를.
이승의 궁벽한 어느 구석일지라도
미련 없이 처박히기를.

　박두규 girisan1@hanmail.net/ 1985년 《남민시》 창립동인. 시집으로 『사과꽃 편지』, 『당몰샘』, 『숲에 들다』, 『두텁나루 숲, 그대』등이 있고 포토포엠에세이 『고라니에게 길을 묻다』

박윤규
친구 모某씨의 집에 갔더니 외 1편

비루먹은 개가 제 집을 두고 나와 컹컹 짖는다
그만하면 나를 알아도 보련마는
앞뒤 모르고 자꾸 짖으니
나만 괜히 벌건 대낮이 미안할 따름이다
잠자던 친구에게 미안한 것이 아니고
긁적거린 내 뒤통수에게
가다 구경삼아 멈추어 섰는 저 구름에게
아무리 변명을 늘어놓아도 궁색하기만 한
비루먹은 고려의 역사책이 비루먹은 조선의 역사책에게
대한민국의 상스럽지 못한 역사책에게
정치나 정치가들에게 부당한 교육자들에게
비루먹은 교육자들이 펼치는 한판 춤에
멋모르고 장단 맞춰 놀고 있는
손뼉을 잘도 짝짝 마주쳐 대는
비루먹은 우리의 아이들에게
제 집도 제 역사도 못 알아보고 컹컹 짖기나 하는
개집 옆 움찔움찔 자라나고 있는
군더더기 없이 연한 새잎을 달기 시작하는
목련 꽃나무처럼
친구의 잠 속에서 쉽게 무너져 갔을
허기진 슬픔 허기진 우리의 메카니즘을 위하여

꿈꾸다 만 것 같은

바다가 아래로 내려다뵈는 산모롱이를 지나
한참을 누구와 얘기하며 걸었는데도
그와 깔깔대며 웃고 장난쳤거나
마음의 걱정거리까지 나누었던 것 같은데
그러고서 하루를 지났을 뿐인데
그가 누군지 기억나지 않는다
길이 어떻게 울퉁불퉁하였다거나 굽어져 있다거나
그 길의 시작이 어디쯤이었는지
다만 봄안개 가득하였고
어느 집 낮은 돌담 너머로 노란 개나리
안개와 개나리가 무척 잘 어울리는구나 하는
개나리 꽃잎에 닿으면 안개도 개나리 색이 되는구나 하는
그것을 알고 가슴이 쿵쿵 뛰었던
어쩌자고 그것이 지난 기억의 전부인 것일까
오늘 아침, 꿈꾸다만 것 같은

박윤규 pyk5050@hanmail.net/경남 남해 출생,《시작업이후》동인. 시집『꽃은 피다』외. 현 '물고기공방' 운영

박정애

그릇 외 1편

근심걱정 근본은 몸이란 건 노자의 말
사람의 가슴은 그릇과 같아
분노하고 좌절한 모든 것들이 있다면
그건 가슴이 아니라고
흙이 푸른 생명을 품고 초록이 붉은 꽃을 피우는
사랑과 연민이 꿈과 노래가 머무는
그것이 가슴이라고
그곳에서만 자라고 꽃피는 거라고
탐욕과 질투 비난과 판단이 펄펄 끓는
맵고 뜨거운 찌개냄비
상처도 아픔도 담지 말라고
내 안에서 나를 지휘하던 손으로
서로 빈틈을 찾아 맞물리는 톱니가 그린
동그란 잔속에 커피를 저으며
지구사용설명서에도 없는 지구가
시계방향으로 돈다는 걸 증명하는 것인데
커피 속에 담긴 햇살과 바람이 지휘하는
오케스트라에 녹아 없어진 나
꽃과 바람의 향기로 다 녹았다
햇살 물소리 새소리로 빚은
일곱 색깔 무지개가 사라지듯
간밤 내내 꾼 일들이 하나도 생각나지 않는데

저승 가서도 이승이 하나도 생각나지 않는다면
내 안에 있는 소리란 소린 다 꺼내
내 살과 뼈에서 나온 것들이란
질그릇 하나 못 빚는 먼진데
머릿속 나침반이 반란하고
가슴은 또 왜 이리 시끄러운 것이냐

숲의 고전

수목이란 말은 자다가도
쭉쭉빵빵 기지개가 절로 나는데
땅 속 쟁여둔 비밀은 말로썬 어림없고
어혈이 맺혀 뒤틀리고 옹이진 것
수 백 년 잎을 피웠으니 무슨 할 말 더 있을까
수많은 혀를 가지고도 침묵하는
오래된 나무
혈관에 울먹이는 물소리 바람소리
푸른 피돌기로 달리는 나무는
죽어서도 눕지 않고 아침풀벌레소리 위에
그림자 가만 내려놓았다
죽은 듯 살아있는 살았어도 죽은 듯이
온갖 원인들이 우주공간을 채우고
그 힘이 만물에 작용한다는 건
참 편하긴 한데 썩어 문더러 진 것까지도
생명이란 걸, 생명이 아니면 썩지 않는 걸
저 나무가 대변하는 것인데
밤새 두 활개 편 붕새가 날아다니다가
하늘 끝 쓸어내린 바람연필 능선을 그리다가
예서예각 휘돌아 굽이치는 물소리 베고 누웠다가
축축한 초록적막 속에 웅크린 산,
정상을 올라서야 할

필생필사로 오르내려야 할 고지라
굳이 개미인 나만 모르고 산다는 게
이게 정상인가 몰라 서럽다

　박정애 jjaturi77@hanmail.net/기장 정관출생. 93년 〈국제신문〉신춘문예 시, 97년 〈경향신문〉신춘문예 시조 등단. 시집 『가장 짧은 말』 외 5권. '얼토' 동인

박춘석

겨울 남자 2 외 2편

 빈혈 앓는 아내를 위해 여름까지 가서 포도 한 박스를 들고 왔다 때때로 여름포도나 봄 딸기를 들고 집으로 갔다 아내는 신기한 일이란다 눈사람을 벗고 다른 계절이 되었다가 오느냐고 묻는다

 여름으로 가기 위해 많은 햇살을 당겨 쓴 것을 아내는 모른다 딸기를 구하러 봄으로 떠난 효녀처럼 공주를 구하기 위해 여름으로 떠난 흑기사처럼 하루 낮 동안 여름을 다녀왔다 시공의 장벽을 넘고 온 탓에 오늘밤 나의 잠은 무덤에 가까울 것이다

 겨울도 얼마간의 따뜻함이 있어야 한다는 걸 아내는 모른다 다소의 포도와 딸기가 있는 겨울이 완전한 겨울이라는 걸 아내는 모른다 포도 한 송이가 재배되는 여름 포도 한 박스가 재배되는 여름 딸기 한 팩이 재배되는 봄이 겨울 속에 섞여 있다 100%의 여름이 없고 100%의 겨울이 없다 눈사람으로 만들어진 내가 땀도 흘리고 늙기도 한다. 자연처럼 진행형으로 살고 있는 것도 겨울이 순도 100%가 아니기 때문이다. 100%는 세상에 없는 공간

 햇살 값이 없으면 여름으로 갈 수 없다. 여름으로 가는 길은 국경을 넘는 것과 같다. 눈사람을 녹여야 하는 위험

한 일이다. 나는 아내를 위해 햇살을 모은다. 햇살 80% 일 때 계절은 여름으로 몸을 바꾸지만 내게 여름은 포도 한 박스나 포도 한 송이만큼 소랑이다. 포도 한 송이를 위해 눈사람은 눈사람을 써서 여름을 다녀온다. 빈혈 든 아내여 내게 포도 한 송이는 너에게 주는 내 전부의 사랑이다. 어제 녹아내린 내 눈사람의 눈과 입술 손가락 가슴 일부를 복원하기 위해 나는 며칠을 극한의 겨울을 살아야 한다. 아내여.

화분&꽃
-s에게

어머니 이제 꺼내주세요
박수소리 같은 봄이 오고 있어요
어머니 제게 얼굴을 주세요
제게 환호성 같은 들불 같은 꽃을 주세요
많은 밤 꽃을 연습했습니다
거울 속에 없는 얼굴을 비춰보며
내 얼굴을 그리워했습니다.
어머니에게서만 태어날 수 있는 나는
아직 어머니와 같은 잠든 겨울입니다
잠든 꽃입니다

깨어나셨군요
희미하게 어머니가 부르는 소리 들립니다
어머니의 모든 힘이 내 꽃을 원하고 있습니다
이토록 넓고 큰 자재로운 화분에서
나의 사지가 생겨나고 얼굴이 나타날 듯합니다
한 가닥 희망이 어둠의 틈입을 열고 있습니다.
있는 힘을 다해 내 얼굴을 불러내 주세요
몇 년째 씨앗으로 까만 글자처럼 관념게만 머물고
미래로만 이월 되는 나는 잠 속에 든 꽃입니다
겨울인 화분을 건너 꽃이 없는 화분을 건너
봄이 있는 화분까지 꽃이 있는 화분까지

이토록 넓고 큰 자재로운 화분에서
노랑, 빨강, 분홍 꽃을 불러내 주세요 어머니

박춘석 babypoet3@hanmail.net/경북 안동 출생. 2002년 《시안》 신인상 등단. 시집 『나는 누구십니까?』

박태일

을숙도 외 1편

　새벽에 떠난 구름 거룻배가 높다 세월이 제 몸에 왝짓거리하듯 강이었다 바다였다 굴삭기 파도가 찍어 대는 뻘밭
　은박지 아파트가 빛난다 바람이 맥박을 쥔다 무릎 까진 대파가 웅성웅성 멀다 내장을 비운 폐선들 선창은 어디였을까
　눈감고 눈 내린다 깨끗은 발톱으로 뜬 기름을 쪼고 쫀다 오라 어서 오라 한 시절 가라앉을 하늘을 지고 나는 달린다
　모래등 지도를 밟고 달린다.

나는 김주열이다

걷다 보니 짝짹이다
콧방울도 입술도 두 다리도
조금씩 삐뚤 빼뚤거리는 거리
하늘마저 뜯는 눈이니 어찌 반듯하기를 바랄까
짝짹이 눈을 끄집어낸다 씻는다
어젯밤 두척산 풀꾹새는
카빈 카빈 혼자 목메었을까
백두산 천지 거북이 기엄 기어 두류산
두류산에서 한라산으로 건너다
잠시 곁에 내려놓았다는 고향 남원은 먼길
흰 광목 내 마음
검게 붉게 붉게 검게 마구 찢긴
봄도 사월 마산 바다 장엄을 보라
나는 김주열이다
많지도 적지도 않은 김주열
높지도 낮지도 않은 김주열
바리케이드 바리케이드 바리케이드
캄캄한 물속 낭떠러지는 하늘
한 마리 두 마리 입을 맞춘 갈매기만
버릇처럼 나를 우는가
민주라니 자유라니 정의라니
길도 먼 길 저승길 해마다 되돌아와

제 발등 제가 찍는
나는 김주열이다
1944년~1960년
왼쪽 눈으로 최루탄 꽃을 삼킨 채 키가 멈춘
열일곱 살 개머리판
슬픈 한뎃잠이다.

　박태일 parkil@kyungnam.ac.kr/1954년 경남 합천. 1980년 〈중앙일보〉 신춘문예 당선. 시집 『그리운 주막』 『달래는 몽골 말로 바다』 외. 연구서로 『한국 근대시의 공간과 장소』 『경남·부산 지역문학 연구1』 외. 산문집으로 『시는 달린다』 외. 현재 경남대학교 국어국문학과 교수.

배옥주

그림자 지층 외 1편

　며칠 째 떨어지는 꿈을 꾸었다 태양이 낭떠러지를 밀어버리거나 어둠 속으로 달이 뛰어내렸다 찔끔 오줌을 지렸다 추락할 때마다 키는 그대로였다 집은 공중에 매달려 있었다 바람 한 점 없었다 창밖으로 목을 내민 불빛이 위태롭게 흔들렸다 한번 접지른 발목은 늘 그 자리가 다시 접질렸다 안전한 착지가 절실했다 발목을 버렸지만 발목은 또 자라났다 맹목적이었다

　그림자는 밤이 되면 어김없이 바이크를 끌고 나간다 빈방이 늘어나는 날이면 창 밖에 꽂아둔 수천의 귀가 촉수를 세운다 견고하게 닫힌 문밖에선 지각변동이 일어나지 않는다 광란의 밤이 수렁에 갇히고 헬맷을 벗어던진 바퀴가 다리 밑으로 뛰어 내린다 질주의 시선은 사선이다 파랗게 질린 굉음이 수영3호교를 삼킨다 안개를 폭파하는 폭주족의 테러는 빨강이다 노랑이다 파랑이다 다시 자라난 발목들이 제 그림자 위로 엎어져도 헛바퀴는 끝없이 달린다

　꿈이 겹겹 층을 쌓아갔다 층리 사이 발목 잘린 그림자가 퇴적되었다 죽은 헛개나무에 집을 짓는 딱따구리소리는 더 이상 들려오지 않았다 꿈속에선 지층이 한층 단단해지고 있었다

옮겨심기

은사시나무는 베란다가 답답해
하이페리온 이름만큼 어지러운 고층 아파트에 와선
시들시들 드러눕는 고목
보채는 뿌리를 흙으로 싸매고
듬성한 이파리를 포개 차창에 세운다

이정표가 목을 꺾고 있는 국도
예측 못한 폭설이 어지럽게 날리고
지워진 길은 방향 모를 땅끝으로 내닫는다

눈 덮인 길을 힐끔거리던 은발의 나무는
잔뿌릴 풀어헤친 채 졸고 있다
체인을 감지 못한 바퀴가 미끄러질 때마다
눈을 떴다 감는 고목
벌레 먹은 옹이 묵은 눈가에
거뭇한 주름살이 퍼져 있다
기나긴 졸음의 건널목을 건너고 있는 봄은
연착하지 않고 도착할 수 있는 걸까

묵정밭 지나 복수초 덜컹대는 노란 울타리 안에
노쇠한 나무를 옮겨 심고 나는
다시 봄을 건너가야 한다

배옥주 beaokju@hanmail.net/ 2008년 《서정시학》 등단. 시집 『오후의 지퍼들』

복효근

전등 傳燈 외 1편

눈 덮인 덤불에
찔레가 붉은 등 몇 개
걸어놓은 뜻을

눈이 맑은 노랑턱멧새가
어찌 알고는
며칠 주린 제 뱃속에 모셔두기로 했던 거라

찔레 붉은 등이
제 등피의 도톰하고 따뜻한 불빛을
멧새에게 건네주면

이 아침 새는
화안하고 청량한 법문을
공기 중에 뿌려놓는다

멧새는 찔레 씨앗에 담긴
불씨를 꺼뜨리지 않고
수십 수백 작은 등불을 땅에 심는다

그래, 꺼지지 않는 등이
그렇게 전해져 오는 거라
전해져 가는 거라

그 눈망울의 배후

가난한 이웃나라 어느 빈촌에 갔을 따
진열대에 싸구려 과자만 잔뜩 쌓여있는
허름한 가게 하나 있었다

헐벗은 아이들의 초롱한 눈망울이 애처로워
몇 푼씩 주려 하자
마을의 노인은 돈을 주는 대신 가게에서 과자를 사서
한 봉지씩 쥐어주라고 했다

과자 한 봉지씩 쥐어주고
쓰러져가는 집들을 돌아보고 골목을 벗어나려는데
아이들 손에 들렸던 과자는 다시 거두어져
진열대에 놓이는 것을 보았다

아직도 모르겠다
그 아이들의 초롱한 눈망울과
사람들의 그 천진한 웃음의 배흐를
내가 준 것이 독일지 약일지를
내가 지은 것이 복일지 죄일지를

복효근 boghg62@hanmail.net/ 전북 남원 출생, 1991년 계간 《시와 시학》으로 등단, 시집 『마늘촛불』, 『따뜻한 외면』 등

서규정

청바지 외 1편

좌에서 우로 이동하는 적 밀집부대, 가로활대 열고 따르륵 깡그리 쓸어버릴 나는 아직까지도 사수의 아바타다
가늠좌 끝에 몰려온 노랑나비 격발의 순간을 사뿐사뿐 날고

켜켜이 쌓인 모래톱 쪽쪽 빠지는 울음들이 강물소리였던가
강, 그야말로 꽉 끼인 청바지 같은 강물은
두발 쭉쭉 뻗다 걸린, 거기 실버들 산발한 채 서 있는
삼각주 아래 잠시잠깐 장을 이룬 풍경
물고기를 팔고 사며
물이 참 좋네
그물 속에선 다 파닥거린 다니께요
엉 잉어가 뛰네 뛰어

강을 빠져 나오며 우린 어느 그물에 갇혀 같이 뛰었더라
사람의 모습은 습득에 있지 않고 구속에 있어
군사문화 때부터 찔끔찔끔 눈으로 밖엔 쏠 수 없었던 수만 발의 기관총

도둑놈가시

 제 것이라면 털끝조차 빼앗길 일 없디, 진보가 진보를 잡고
 수구가 수구를 때려잡는 해방공간이 열키긴 열릴 것인가
 무책임이 정론이 되는 불확실의 시대를 지나며
 일찍이 독서와도 거리를 둔, 뜬구름이 유일한 책이였다
 남의 논리에 세뇌되는 게 너무 싫고
 목욕재계하고 행사장엔 꼭꼭 나타나는 문화떨거지도 되기 싫었고
 살아남아야겠단 일념보다 못한, 이념이라는 껌
 벽에 붙인 단물 다 빠진 껌, 누가 다시 떼어 딱딱 씹는단 말인가
 겉돌고 작은 것에 곧잘 흥분을 한다는 게
 차라리 편했다
 정당이나 신용카드에 붙들릴 일 없었고
 인문학 강의를 들으러 오라는 문자도 삭제하며
 폭주족들의 오토바이를 피해 폐주차장으로 뛰어들자
 도둑놈가시가 나를 붙든다, 툭툭 털자
 아예 온몸에 눌어붙는다

 길거리 어묵도
 찔러주는 꼬지가 있어야 따뜻한 국물 속에 나란히 뜨듯이

국민이라는 실없는 호명
난민이라는 적그적인 소명, 그 중에서도
구명보트처럼 뜬 낮달도 교회첨탑에 걸리듯
자동차 쌩쌩 지나는 큰길로 뛴 국내용 보트피플
이쯤해서, 도둑놈가시까지 담뿍 뒤집어쓰고 119차를 들이받을까 말까

서규정 sidasisi@hanmail.net/1949 전북 완주 출생. 1991《경향신문》으로 등단. 시집 『그러니까 비는, 객지에서 먼저 젖는다』 외

서정홍

가장 짧은 시 외 1편

우리 마을 현동 할아버지는
몇 해째 중풍으로 앓고 계신 할머니를
혼자 돌보고 계십니다.
밥도 떠먹여드려야 하고,
똥오줌도 혼자 눌 수조차 없는 할머니를
힘들다 말 한 마디 하지 않으시고…….

요양원에 보내면
서로 편안할 텐데
왜 고생을 사서 하느냐고
이웃들이 물으면
딱 한 말씀 하십니다.

"어허, 누굴 믿고 시집왔는데!"

공짜 돈

산골 마을 노인 회관 운영비와 부식비가
해마다 군에서 조금 나온다.
그 돈으로 어르신들이 회관에 모여
수제비도 끓여 드시고 국수도 삶아 드시고
막걸리도 한두 잔 하신다.

군에서 그냥 나오는 돈이라
마음 편하게 드시면 될 텐데
도시에서 고생하는 자식들 생각에
괜스레 코끝이 찡하시다.

"우리야 이런 돈 안 나와도
집에 쌀 있것다 김치 있것다
아무거나 무그모 되는데……."
"맞다, 맞어. 이 돈 알고 보모
도시 사는 자식새끼들
죽을둥살둥 땀 흘린 기다."
"우리 같은 늙은이들이 얼릉 죽어삐야
젊은 것들이 고생을 덜하지."
한평생 농사지어 자식들 먹여 살렸으면
이런 '공짜 돈' 조금 받아
마음 편하게 쓸 수 있으련만

그것마저 마음에 걸리신다,
산골 마을 어르신들은.

* 무그모 : 먹으면.
* 죽어삐야 : 죽어버려야.

서정홍 junghong58@hanmail.net / 경남 마산 태어남. 1992년 《전태일문학상》으로 등단. 시집 『58년 개띠』, 『아내에게 미안하다』 외 동시집 『윗몸일으키기』 외 산문집 『농부 시인의 행복론』 외.

성명남

꽃다발 외 1편

당신의 계절이에요
켜켜이 쌓인 지루함을 툴툴 털고
가장 예쁜 옷으로 갈아 입어요
프릴장식 리본은 필수 아이템이에요
우울했던 적 없었다는 듯 환한 표정을 지어봐요
허리를 꽉 졸라맨 드레스가 답답하고
목이 타 들어가도 꾹 참아야 해요
끝까지 미소를 잃으면 안 돼요
얇은 옷 때문에 온몸이 마구 떨릴지도 몰라요
아직 밖은 바람이 차가운 2월인 걸요
짤막하지만 근사한 멘트 하나쯤 미리 준비하세요
자 이제 당신을 보여줄 차례예요
벌써 양쪽 길가에 또 다른 당신이 즐비하네요
어떡하든 가장 돋보여야 해요
졸업식이 시작되고 나면
당신의 계절은 끝날 테니까요

고의적 착오

친정에 가면
막내 남동생 부른다는 것이 아들 이름 부르고
다시 집으로 돌아와 며칠간은
아들 이름 부른다는 것이 동생 이름 부른다
착각도 병이다 나이 먹은 탓이다 지청구하지만
내 혼돈은 결혼해 첫아들 낳고브터였다
딸만 다섯인 집에 구원처럼 태어난 사내동생과
난산 끝에 얻은 아들에 대한 모양과 크기가 같은 사랑
행여 불면 날아갈까 만지면 깨질까 도두의 염려 속에
매번 뇌가 범하는 고의적 착오다

성명남 ohmycat06@hanmail.net / 2012년 〈국제신문〉 신춘문예 당선 등단.

성수자

벽화 외 1편

싸리꽃은 아버지 지게 위에서 맨 먼저 피어났다
출렁이는 지게 위 오종종 작은 보랏빛,
한 아름 가지마다 흔들리던 꽃

꽃대는 마당 한 켠 울타리가 되고
어미닭과 병아리의 놀이터가 되었다
여름이면 이른 아침 두부종을 울리던 나팔꽃

가끔 강을 거슬러 오르는 연어가 되어
낯선 달빛아래 서성일 때
먼 먼 길에서 왜 아버지가 걸어 나올까

벽화처럼 뚜렷한 기억으로.

위로

눈의 무게로 겨울이 내려앉는다
관계가 끓긴 버려진 의자 위에

관계에서 풀려 난 눈이 내린다
무주구천동 한적한 통나무 집 숲 속에

밤새워 눈이 내린다
위로가 필요한 사람의 숲 속에서 날아와
이렇게 외진 곳 빈 의자를 감싸는 눈의 위무慰憮

적막한 고요가 쌓인다
축을 품은 고요가 깃든 무주 구천동!
골짜기를 꽉꽉 다진다
위로처럼 쌓인다.

  성수자 suja0314@hanmail.net/ 1993년 《한국시》 등단, 시집 『안개밭에서』, 『잎맥처럼 선명한』

성창경

자작나무 숲을 걷다 외 1편

눈이 내리는 날이면 몸을 숨겨
허공에 길을 만들고
맑은 날 저물녘 산 그림자 등에 업혀
호수를 건너는 나무를 보았다
겨드랑이에 날개를 달거나
꼬리지느러미가 생겨
때 묻지 않는 길을 걸어 별을 만나고
투명한 그림자를 따라
비늘 큰 물고기와 밤을 지새웠다
별자리가 들려주는 말에
사람이 만든 그릇에는 눈물만 키운다고
서성거리는 발자국에 그늘을 세웠다
하나를 손에 넣으려
빛나는 열 개 보석을 잃어버린다고
돌아서는 등 뒤에서 들려주었다
몰래 자작나무숲 길을 걸었던 밤은
바람이 전하는 말에 귀를 맡겼다

종이컵

내 사색은 물을 담는 것이다
좁고 깊지 않는 속
별빛 담은 꿈 잃어 버렸다
물의 노래도 오래 두지 않았다
다 비우고 난 뒤 몰려오는 허기
어쩌다
눈 맑은 계집애 하얀 손에 안겨
봄이면 돌아올 꽃씨 품고
옷고름 풀고 스며들 흙을 기다린다
지금은 도심 길모퉁이에서
구겨진 몸으로 바람을 먹고
노숙인 슬픈 눈에 담긴다
몸이 찢어져 만나는 불에게
가슴 태우고
촛불이 흘린 응고된 피 안고
새벽 찬바람에 불을 지킨다

성창경 bada1251@naver.com/경남 창녕 생. 2011년 《창조문학》 등단.

송미선

손목 외 1편

손금 위, 구부정하게 서 있던 아내를 절벽으로 밀어버렸다
사거리 건널목에 우두커니 선 김씨
숨어있을 손목 하나 찾기 위해 허공을 뒤지고 있다
염산공장에서 일하던 스물일곱 그날 이후
녹아버린 왼손은 무성한 소문만 몰고 다녔고
소매 속에서는 달이 자랐다
이곳저곳 문을 두드렸지만
단내 나는 **빨간불이다**

한여름에도 긴팔 셔츠 속 땀방울 훔치던 그가
소매를 잘라버렸다
반지하 사글세방 속 멈춰있던 시간이
얼룩진 벽지위에 그린 손가락을 뜯어내 붙이기 시작한다
뜯겨진 구멍에 웅크리고 있는 새 한 마리
울음의 무늬로 말을 걸어오며 날개를 편다
창틀을 지고 날아가는 새의 깃털에 아내가 대롱거린다
대답 대신 물끄러미,
간당간당 매달려 있는 아내에게
쓰러질듯 쓰러지는 바람 한 줄기 내민다

소문의 꼬리를 잘라내지 못한 왼손이 바르르
횡단보도 건너는 김 씨의 목덜미를 웃고 있다
쑥 뽑혀진 손톱 아래 또 하나의 모가지가 피어오른다

안부

제비 한 마리가 여섯 살 박이 단발머리의 발목을 잡았다
동뫼로 밭일 나간 엄마를 찾아 나선 고샅길
바닥에 떨어진 날개를 쓱 들추어보던
지나가던 바람이 고깔모자는 뒤집어쓴다
밤새 허우적거린 날개 죽지를 단발머리가 뺨에 갖다 댄다
그제야 누그러지던 성난 어금니
조등 밝힐 깃털 하나만 남겨 두고
햇빛을 끌어와 묻은, 흙집을 열손가락으로 한참 토닥인다

그림자도 날아다니며 흰 꽃을 피운다
도착하지 않은 시간의 뒷모습에서 풍문을 듣는다

며칠이 지났을까 안부가 궁금하여
이슬이 채 가시지 않은 제비집 흙대문을 열어보았다
풀어 놓은 짐 꾸러미에서 펼쳐지던
스멀거리던 하얀 애벌레들의 춤판
알을 낳기 위해 내 몸속으로 날아들어 와
얼룩진 주름살 물고 계절 밖으로 날아가는 새끼제비 한 마리
배꼽의 빗장을 걸어 잠근다

생일 케이크에 촛불을 심고 있다

송미선 sms27143@hanmail.net/경남 김해 출생. 2011년 시와사상 등단.

송유미

환지통 기차 외 1편

 뿌리 채 뽑아내어야 할 썩은 내 길은 삭고, 기차는 자주 연착되는 것이었어. 이제 무거운 생각들은 연기처럼 날려 버리고 가볍게 달리고 싶어. 다리도 팔도 끊어버리고, 온 몸으로 기어가고 싶어, 저 바다에 이르고만 싶어.

 나는 달린다. 달리다 쓰러지면 잠이 들리라. 그러나 아직은 죽음은 멀다. 먼 죽음을 위하여 달린다. 달린다. 달리다 지치면 쉬어 갈 의자를 만나기 위해 나는 달린다. 달리다 괴로우면 어디서 그대의 무릎을 빌려 오나.

 이미 가속도가 붙어 버린 생. 멈출 수 없는 춤을 추고 있는 것을, 내가 달리니까 산도 달아난다. 강도 사라진다. 들도 희미하게 증발한다. 보이는 것도 보여 지는 것도 없는 세상.

 누가 나를 이 옆구리가 터진 김밥 같은 기차를 타게 했을까. 끝이 보이는 길을 멈춤도 없이 가게 만들었을까. 그러나 나는 가야 한다. 가야 한다. 저 아슬한 낭하로 떨어지는 폭포처럼, 아니 영원히 한 점의 이름으로 남을 저 통과할 수 없는 좁은 문으로,

-----

 송유미 kaliope50@hanmail.net/1993 〈부산일보〉 신춘문예 시조, 2002 〈경향신문〉 시 당선. 시집 『살찐 슬픔으로 돌아다니다』외 다수.

如如의 손
-운주에서

운주에서 손 없는 머슴 부처 만났다
초록은 동색이라고 참 반가웠지만,
나도 손 장애인이라 악수 청할 수 없었다
흰 눈을 가사처럼 겹겹이 껴입고
초병의 부동자세로, 다리 없는 부처,
목이 없는 부처, 앉은뱅이 부처들을 지켜주고 있었다
촘촘한 속눈썹에 눈이 쌓여가는 밤이면
뚜벅 뚜벅 순찰이라도 도는 것일까
주위에는 발자국 무수히 찍혀 있었다
그럴까, 우리네 세상살이처럼
잘난 부처들은 잘난 부처끼리
못난 부처들은 못난 부처끼리 사는 것이 편한 것인가
사지 멀쩡한 부처 하나 없는
운주의 천 명의 부처들,
팍팍한 돌 속에서 살아도
다리 없어 불편한 부처에게
팔이 되어주고, 팔이 없는 부처에게
눈 없는 부처가 팔이 되어주면서
이따금 올라오는 등산객들에게
따뜻한 모닥불 피우게 해놓고
노닥노닥 눈보라 따위야 안중에도 없이
손 없는 머슴 부처 대신
바람에게 반야용선의 구름 한 척 정박케 해 놓고…

송 진

ㅎㄷ moon bird 2 외 1편
- 생애의 목적

말하지 않는 크리스마스트리가 되었다

온 몸으로 불빛만 반짝 반짝

그저 이쁘지

그저 사랑스럽지

그러다 말하면 때쥐!

우린 첫눈이 내릴 때

비밀의 쪽지를 삼키는 생애 첫 목젖의 어른이 된다

그러다 말하면 때쥐!

그러다 말하면 상도 주고 벌도 준다

ㅎㄷ moon bird 3
－고난도 체위

누가 들어준다고
죽은 내 엄마도 들어주지 않는 말들의 갈기

이제 버려
장갑도 현수막도 치킨도

말들의 갈기가 모퉁이를 돌아갈 때쯤이면
공기와 첫 키스를 나누던 바람이
아하!
얼른 알아차리지

생의 크고 작은 비밀을

첫 키스가 끝나갈 때 쯤
아무도 말하지 않았지

첫 애무가 끝나갈 때 쯤
아무도 마르지 않았지

첫 삽입이 끝나갈 때쯤
아무도 살찌지 않았지

홍당무 코를 박은 눈사람이 옆에 서 있다

홍당무에 깨진 소주병을 박은 눈사람이 뒤에 서 있다

　송　진 filllove123@hanmail.net/부산 출생. 1999년《다층》제 1회 신인상. 시집『지옥에 다녀오다』,『나만 몰랐나봐』,『시체 분류법』

송태웅

반야의 당신 외 1편
－박영발 비트에서

불이 당신을 타오르게 하고
바람이 당신의 이목구비를 기억하게 한다
이 숲 속에 서 있는 모든 나무들은
당신이 육필로 새긴 메모들일지니
쓰러진 나무들이라도 염해서
한 짐 지게로 옮겨와 아궁이에 던지면
그 불길 속에 비로소
당신의 얼굴 어른거리니
우리는 만나서 서로 살 맞대어야만
불타오르거니
이승에서 따로 섰던 나무들은
저승의 초입에서 서로 만나
한 몸으로 타올라
반야의 종소리로 울려퍼지는 것이거니
타닥타닥 나뭇가지들 타는 소리에
저 반야의 봉우리 뒤 어두운 동굴에
누운 그대가
뒷산 근처까지 어슬렁 내려와
나를 부르네
화염으로 월월 불타는 심장 하나가
나를 부르네

저녁에

 아궁이에 불을 넣고 와서허리를 펴고 하늘을 보니별들은 비석치기 놀이를 하고바람은 가댁질을 하며 텃밭에서 뛰논다누군가 느닷없이 생의 행로를 바꾸어맹탕 된장국에 저녁을 먹고어두워진 산을 허위허위 돌아다녀도여전히 별자리는 제 자리에 뜨고바람은 정해진 행로를 간다읍내의 불빛들 숯불을 흩뿌린 듯점점이 고운 자태에 휩싸일 때비로소 하루는 제 살갗을 열고생채기 없는 제 모습을 들여다 보리라그러면 선인장 가시도 둥글어지고기린은 더 높은 나뭇잎을 따 먹을 것이며펭귄은 제 날던 날을 떠올리며고요히 생의 종점을 기억하리라

 송태웅 song-tw@hanmail.net/1961년 전남 담양 출생. 2002년 계간 《함께 가는 문학》 신인상 수상. 시집 『바람이 그린 벽화』

신정민

착지着地 외 1편

별은 꽃으로 생을 마감한다

숲길에 떨어진 때죽꽃,
빛나느라 생긴 다섯 개의 꽃잎이 선명하다
활짝 핀 순간에 떨어지리라
실수 없이 지상에 닿았으니 얼마나 다행인가
하마 밟을까 옮겨 걷는다

오월의 모빌,
애벌레들 꿈틀거리며 내려오고
너는 내 새끼다
너는 내 새끼다
개개비 둥지 곁에서 울어대는 뻐꾸기 소리
새들의 지저귐에 살이 오른다

아침 저쪽 두구동 수원지
예고 없이 떨어진 지난 밤 별똥별
언젠가 찾으러가자 약속한 물 위의 달빛이 생각나
지상을 향해
마지막 숨을 고르는 꽃잎들
개옻나무 노린재나무 한 번 더 바라본다

시이소오

내가 이렇게 무겁다니

달이 앉고
청록빛 서녘이 앉고
반짝 별도 하나 앉았는데
지나가던 바람도
마침내,
그리운 너도 앉았는데

나,
여기서
꿈쩍하지 않다니

　신정민 jungmin1204@hanmail.net/ 2003년 〈부산일보〉 신춘문예 등단. 시집 『꽃들이 딸꾹』, 『뱀이된 피아노』, 『티벳만행』

오정환

되돌아가는 것 외 1편

물은 어디서 바람은 또 어디서
햇살은, 살 에는 추위는 어디서 왔을까
유상무상 모두의 모습들 그들의 실상이
왔던 곳으로 돌아가고 있는 몸짓이라면

언제나 그 자리에 붙박인 듯 산도 바위도
깎아지른 절벽도, 등 굽은 소나무 등걸도
쉽게 보여지지는 않지만, 모두들 열심히들
쉴 새 없이 되돌아가고 있는 과정이라면

연못 돌팍 위, 부동의 조각 같은 자라는
새빨갛게 잘 익은 과일, 달콤 시원한 맛은
어여쁜 소녀의 곱디고운 뺨은 그 미소는
어디서 왔다 또 어디로 되돌아가는 걸까

시간

불현듯 잔잔한 수면 위에
빗방울이 그려내는 물바퀴들
잦아진 방울들 바삐 둥글어지다
세찬 빗줄기 될 때 희뿌연 안개
물 밑바닥에서부터 피어오르듯

불어오는 바람 갈피 헤집는 햇살
치솟은 미루나무 기다란 그림자 속
아늑한 고요와 느긋함 도사린 시간
살아 뛰는 물고기의 퍼덕이는 생명도
시간이 빚어내는 오롯한 숨결과 맥박

고요에서 번잡과 소란으로 이어지는
삶이란, 고갯길 오르내리며 숨 고르기
세상이 온통 하얗게 얼어붙은 빙하
따가운 칼바람 목덜미 깊숙이 스며도
놓쳐버릴 수 없는 건 반짝이는 초침

오정환 jpoemh@hanmail.net/1947년 부산출생. 1981년《한국일보》신춘문예 시 당선. 시집 『맹아학교』, 『물방울 노래』, 『노자의 마을』, 『푸른 눈 등』.

유병근

메모리 칩 외 1편

 설익은 기억이 자꾸 낯설다
 기억 하나는 털실모자 속에 낯설다 기억 하나는 빵떡모자 속에 또 낯설다
 털실과 빵떡 사이 질긴 끈처럼 폭설이 무겁다 눈보라에 휘둘린 기억의 골에 끙끙거리는 어둠이 무겁다
 진양조에서 중몰이 잦은몰이가 된 폭설
 지나간 기억과 기억 틈새를 담금질하는 기억이 묻힌다
 어쩌다 눈을 뜬 기억 하나는 눈썹 フ득 무겁게 눈발을 달았다
 눈썹을 찍어보라고 폭설이 비스듬히 몸을 기울인다
 휘몰아치다가 기울어지는 폭설에 갇힌 장독 뚜껑은 어느새 하얗게 늙어버렸다
 늙은 매화나무에 매달린 봉긋한 꽃눈, 어깨에 쌓인 무게는 미처 털지 못한다

참깨야 문 열어라

서운한 오늘은 꽃이 지고
내일도 꽃이 지고 방에서 나온 그는
꽃잎이나 집어든다
방으로 들어간 그는 꽃잎 그림이나
그리고 있다 꽃잎을 집어든
그는 꽃잎 같은 생각에 골몰한다
그림 속 그는 그림 생각에 골몰한다
꽃잎과 그림 사이 부는
바람에 골몰한다 방에서 나온 그와
방으로 들어간 그의 바람이 꺼칠하다
이상기온임으로 황사스모그임으로
마스크로 얼굴을 가린 스모그가 떠 있다
이상기온임으로 방으로 들어가나
어쩌나 우물거리는 그는
'참깨야 문 열어라' 주문을 건다
꽃잎이 된 얼굴 하나
이상기온 속으로 거듭 기울어진다

유병근 yupoem@hanmail.net/1970년 《월간문학》으로 등단. 시집
『어쩌면 한갓지다』외

이규열

外道 · 1 외 1편

다시 쓰기 시작해야 하는 밤이다
낮에 걸어온 길에서 벗어나
밤이 되어야만 항문과 구강의 위치가 없어지고
밤이 되어야만 손과 발의 역할이 불분명해지고
주체와 객체의 습관에서 벗어나
자아와 무의식의 차이가 없어지고
이기와 이타의 순서가 뒤바뀌며
밤이 되어야만 순수와 혼탁이 동시에 들어오고
밤이 되어야만 상처와 치유가 동일시되는
아아 밤이 되어야만 쓸 수 있는
이 지독한 정신적 자위행위는
길을 벗어났지만
언제나 경계에서 머무는
이 찬란한 외도는

外道가 오래되면 正道가 되듯이
오래된 밤은 이미 낮이다

이규열 gylee@dau.ac.kr/1993년 《현대시학》으로 등단. 시집 『왼쪽 늪에 빠지다』『울지않는 소년』 상재. 시전문계간지 《신생》 편집인

外道 · 2

밤으로 가는 환승역이다 낮은

어디로 가는 전철인지도 모르고
타는 것처럼 아침은 시작되고
어디를 가야하나 깨달을 때쯤
하루는 훌쩍 속살을 드러낸다
쉽게 유혹당하는 비만한 일상속에서
어디쯤 왔을까 뒤돌아보면
씩 웃으며 사라지는 길들
사이로 지나치는 역마다 만나는 화두들
어디서나 지난 삶과 다음 삶은 다른 이름인대
지나간 일상은 언제나 낮았기에 다음 일상으로 올라가야 하는
높이 올라가는 그 이유가
단지 낮아지기 위해서라면
창너머 길 위로 번지는 안개를 걷어내고
사리와 분별이 탈각된
낮에는 보이지 않는 길
그 길이 잘못된 길이라 해도
이제는 포기할 수가 없다

밤으로 가는 전철을 갈아타기 위해
뛰어야 한다 낮에는

이성희

벽암록 1 외 1편

 그 책을 덮자 식구들은 잠이 들고 형광등이 깜박거렸다. 서재의 온갖 책들이 웅성거리기 시작했다. 펼쳐지지 않은 페이지에 숨은 문자들이 일제히 지느러미를 퍼덕거리기 시작했다. 니체와 박상륭이 각자의 방백으로 장광설의 토론을 시작했다. 김수영과 보들레르는 귓속말로 유곽이야기를 하며 키득거렸다. 붉은 등이 깜박거리고, 여기저기 피가 낭자한 논쟁이 일어났다. 몇몇 열정의 논쟁자들은 백혈등이 흔들거리는 항구의 선술집으로 자리를 옮겨 늙은 주모를 두고 한 번 더 좌우로 멱살잡이를 하다가 파랗게 녹슨 바다 속으로 어깨동무하고 첨벙첨벙 들어갔다. 파란 등이 깜박거리고, 그 책을 펴면 너덜하진 몇 페이지가 하얗게 비어 있었다. 블레이크는 매일 성경의 흰 부분을 읽었다 하지 않던가, 그 흰색의 수심으로 잠영해 들어가, 들어가 뭘 하지? 심심한데 시나 쓸까? 생각하다가 깜박 조는데, 임제의 할이 뒤통수를 친다. 흰 등이 깜박거리고, 손에서 〈벽암록〉을 놓쳤다.

벽암록 2

자꾸만 갈라지는 수정동 저녁 골목 같은
미로를 헤매다 목이 말라 눈을 뜨자
어제 밤 취기 속에 읽다 접은 둔
벽암록
가로막는 벽도 없고 끝없이 갈라지는 길도 없는
사막 같은 말씀들은
나풀나풀 밤새 어디로 날아갔는지
접힌 꼬리만 남았다.

천 번의 밤이 담겼다 비워진 유리창의 얇은 햇살이
접힌 꼬리에 나비처럼 앉았다.
날개를 떠는 가녀린 오늘.

 이성희 yneaa@hanmail.net/ 1989년 《문예중앙》 등단. 시집 『돌아오지 않는 것에 관하여』, 『허공 속의 등꽃』, 『겨울 산야에서 올리는 기도』 등. 《신생》편집위원, 신생인문학연구소 소장

이월춘

달팽이의 자초지종 외 1편

삶의 반경이 일 미터라는
피그미카멜레온과 비교하지 마
천추에 이름 한 자 남길 일 없지만
와우각상쟁蝸牛角相爭 들먹이지도 마시라
굼뜨지만 꾸준한 느림보가 영재를 이긴다는데
어눌한 품새가 외려 살가운 정감이 가치 않나 몰라
배밀이 운명의 복족류腹足類로 조개의 사촌이지
뿔이 넷이니 소의 느릿느릿과는 또 다르지
간밤에 비 좀 내린 아침
아파트 베란다 상추 화분에 어찌 오셨나 몰라
내사 대원군처럼 석파란石破蘭 한 촉 그린 적드 없다만
백 년 만에 한 번 핀다는 대나두꽃
나라에 좋은 일이 생긴다는 대나무꽃
정작 자신은 말라죽는다는 대나무꽃처럼
산 아래 마을에는
촌로들의 전설 두엇쯤 전해지는게
세상만사 자초지종 여기에서 거기까지
아하, 속설

도다리쑥국

빨랫줄에 식구들 옷 다 나와 나부끼는 풍경이
봄도다리 가을낙지를 중얼거리며
해는 길어지고 남도바다는 살찌고 있다
바다와 뭍의 부드러운 손잡기가 시작되면
산모롱이 늙수구레한 소나무 가지 하나가
고개를 쭈욱 뽑아 한 말씀 던진다
입춘방 묵향墨香이 언덕을 넘어가더니
우도좌광이라 보수우파가 춘삼월의 손을 잡네그려
무장해제된 바다의 연둣빛 근육에 멍게비빔밥까지
해쑥향에 해장멀미가 반갑고 미쁘다
맑은 국물에는 파란 바다냄새가 가득한데
갯가의 봄바람은 동백처럼 붉고 달다
겨울주꾸미 여름민어 아니아니 봄도다리

이월춘 mosan145@hanmail.net/ 경남 창원 출생. 1986년 《지평》과 시집 『칠판지우개를 들고』 등단. 제1회 월하창원문학상, 제23회 경남문학상 수상. 시집 『그늘의 힘』 『산과 물의 발자국』 외.

이인우

불평등 강의실 외 1 편

말쑥한 시집은 다아 말쑥한 시인에게 보내고
떨어진 파본 두 권 남아 딸과 함께 읽는다
아빠, 이게 무슨 뜻이야? 몰라.
아빠 이 말은 누구 이야기야? 몰라.
아빠, 이 제목은 또 왜 이리 시시하게 슬픈 거야?
그때서야 나는 딸아이 두 귀를 슬그머니 쥐고
아, 그래그래, 그건 알겠네, 속삭여 준다
세상이, 세상이, 너무 고와 그런 거야
한 쪽은 시뻘겋고 한 쪽은 새카만 게
한 쪽은 따뜻하고 한 쪽은 차가운 게
한 쪽은 기쁘고 한 쪽은 슬픈 게
세상이 너무너무 아름다워 그런 거야
싱거워진 딸아이는 파본을 덮고
덮은 파본 베게하고 나도 눕는다
잠들려는 딸아이 손목 꼬옥 쥐는데
어디선가 마파람 두어 차례 파본처럼 불어와서
세파에 찢어진 내 가슴 책갈피 두어 장
넘겨보고 간다

섬이 되는 법 •

섬에 갈 일이 있었다
깊게 흔들리는 바다가 무섭고
물결 속 어디에도 나 숨길 곳이 없어서
나는 그동안 섬보다는 컴컴한 산골로만 들었었다
산골은 컴컴해서 날 알아보지 못하는데
바다는 내 뒤통수 사방에서 다 쳐다보고
바닷물도 내 발걸음 어디로 향하는지 다 알아서
나는 섬에 갈 생각도 아니 했었다

그러다 어느 날 나는 그 섬에서
섬이 되어 왔다는 어떤 사람을 만났다
섬에 왔으면 섬처럼 가만히
방안에 있거나 파돗가에 섰거나
햇볕 두려운 줄 모르는 방파제처럼 누워 있어야 하는데
그 사람은 이곳저곳 도무지
멈추지 못하고 온 섬을 싸다녔다
하지만 몇 달 뒤 나는
그 사내 큼직한 어깨 안에 안겨 본 뒤에야 비로소 깨달았다
섬에 오면 섬처럼 가만히 서 있는 것이 아니라
섬을 치는 부지런한 파도가 되어야 하는구나
섬에 들면 사랑도 인생도 섬처럼 드러나야

이윽고 섬이 될 수 있는구나
덮쳐도 쓰러지지 않는 섬이 되려면,
흔들어도 움직이지 않는 사랑이 되려면
잠시도 제 모습 감추지 못하는
자갈 떼, 해풍 떼, 구름 떼가 되어
날마다 부끄러운 제 얼굴을 할켜야만 하는구나

그래서 산골엔 밤 되면 산이 보이지 않는데
바다엔 밤 깊어도 또렷또렷 섬이 보이는 것이구나

이인우 innwoo99@hanmall.net /부산출생. '98《문예한국》등단.
시집 『레즈비언은 모자를 쓴다』, 『풀밭잠』

이정모

공중의 얼굴을 보다 외 1편

생각을 다 부려놓고 가라는 산사의 풍경소리에
이른 아침 뜨락에 내려서니
뒷산이 이슬을 업고 내려와 풀밭 위에 낮게 엎드린다
매미소리 대신 풀벌레소리가 계절의 시위에 걸렸다

화살이 혀를 스쳐갔는지
아!
소리가 푸르게 떨어진다

세상의 고막이 열리기 전 비
그친 공중은 하루를 반듯하게 세우고 숨을 고른다
하찮은 들풀이 들려주는 예삿말 또릿또릿 들린다

철퍼덕 신새벽을 내려놓고 돌아서는 산등성 아래
외등은 침묵을 거느리고 아직 참선 중인데
가을볕 자북히 풀어서 세수하는 절집
맨얼굴에서는 사과향이 난다

모두가 공중이 하는 일이다
머지않아 떠나지마라 목메는 입동 올라
물러 터진 것들 불러 모아
살 속에 묻어 두었던 것 모두 내 놓아라

울음은 무심결 서리로 우는 것이다
철든다는 걸 말했을라나

나는 일 없다
가을의 질긴 시름을 쓸고있는 쓰르라미
헐거워진 내 어깨를 다독이는데
바람의 치맛자락을 붙잡고 떼를 쓰던
굴참나무 가지의 숨소리는 전파라고,
이제부터는 그리 알라고
공중의 일을 퍼뜨리고 있다

식솔

속세의 일을 마치고
서둘러 돌아오는 외진 산길

불빛 속에 나타난 거대한 몸집
새끼를 일렬횡대로 세우고 길 건너는
멧돼지 가족이다

경적을 울리면 차를 들이받는다는
스님의 말이 떠올라
숨을 멈추고 꼼짝 않는다

휙 돌아 보더니 꼼짝 않는다
몇 분이 흘렀을까
드디어 놈이 별 귀찮은 놈이
남의 동네에 왔느냐는듯
서서히 어둠에 갇힌다

몇일째 음식쓰레기가 그대로이다
명절 끝이라 어디서 공양밥 먹었나
아니면 다쳤을까 궁금 했는데
오늘 아침에 가보니 그릇이 말끔하다

그럼 그렇지
나도 모르게 입가에 번지는 미소
내가 안심하는 걸 보니
식구라 여기는 게 분명하다

아마, 그 때 그 놈일지 모르겠지만

 이정모 ljm9863@hanmail.net/ 2007년 《심상》 등단. 시집 『제 몸이 통로다』 웹진 "젊은 시인들" 동호회욷

이지담

돌탑 외 1편

돌이 삼킨 시간이 문장이었을까

윗돌은 아랫돌에게 시간을 두려워하지 말자하고
아랫돌은 윗돌에게 지평선을 다 걸어보았는지 묻는다
오른쪽 돌은 왼쪽 돌에게 계단이 되어 본 적 있느냐 묻고
왼쪽 돌은 오른쪽 돌에게 나무의 그늘을 들여놓았느냐
묻는다

바람이 한참 자는 동안 적막이 귀를 연다

맨 아랫돌은 윗돌에게 물살이 그립지 않느냐 묻고
윗돌이 맨 아랫돌에게
비탈길을 오르는 가쁜 숨소리 기억하느냐 묻는다

제각각의 길이
견고한 각도로 마주 앉아서
기억되지 않는 하나의 탑을 이룬다

청자 발우

고려 선박이 해저에 사찰을 지었다
물고기 중생들을 발우한 지
천 년 가까이 닫혀진 해저의 문
열렸다!
그릇에 새겨진 자서전은
결마다 길 하나가 풍랑이었음을
기록하고 있다
물의 결에 따라 흔들리면서
깨지지 않은 깨달음의 언저리
동백꽃이 한 목숨 떨어뜨릴 때
지축의 미세한 흔들림을 느껴본 이는
알리라, 해저의 어둠속에서는
시간도 지혜도 다 내려놓아야 한다는 것을
어둠을 연마하여 만들어 낸 길
발우한다

 이지담 jidam58@hanmail.net/ 전남 나주 출생. 2003년 《시와사람》 등단, 2010년 《서정시학》 신인상 수상. 시집 『고전적인 저녁』이 있음.

이지인

눈물 외 1편

단비에 녹슨 쟁기 일어서고
탱자 꽃 수를 놓아 깊어가는 봄

삶이 고달프다 푸념마라
품 넓은 바다 허리 한 번 못 펴고
온 몸 출렁 거려 파도를 만들더라

늙는다 서러워 마라
하늬바람 재촉에 종종걸음
봄볕에 그을린 얼굴 자글자글 주름 졌더라

하루쯤 쉬어 보자 성화 부릴만하고
떠밀려 온 쓰레기
삿대질하련만

떠 있는 부표 다독이며
봄 바다 묵묵히 흘러가더라

파派

명지 대파든
기장 쪽파든
파벌이 없다

김치 양념에
무채 청각과 버무려도
분열이 없다

입장에 따라
갈라지는 세상
외떡잎이면 어떻고
쌍떡잎이면 어떤가
닫혔던 입술이 열린다
파 –

소치 동계 올림픽 3관왕
빅토르 안 (안현수)
러시아의 영웅인가
대한민국의 희생양인가
동래파전은 파가 주인공
그런데 파 위에 쇠고기와 해산물을 올린다
계란물 뒤집어쓰고도 얼싸 안는다

해남 쪽파든 기장 쪽파든
모두가 파안대소
김치에 부침개에
너와 나 우리
온통파 –

　이지인 jjday1223@hanmail.net/경남 김해 출생. 2012년 《시와사상》 등단.

이초우

경계 외 1편

경계는 언제나 미세한 금을 품고 있다
짓궂은 시간이 잠든 금을 시나브로 흔들어 깨운다
금은 시간의 꾐에 몸을 뒤척이다 자꾸만 자란다 어느 날 개미들의 행렬이 몸을 숨기고 지나갈 계곡이 된 금

낮은 허공이 삶의 터전이었던 말벌, 어쩌다 콘크리트 바닥 틈새에 하늘보고 누워 최후를 맞는데
파랗게 질린 눈동자 발버둥만 칠뿐
날 수 없는 날개에는 피가 돌지 않는다
먼저 친 콘크리트와 나중의 콘크리트 바닥,
시차가 금을 그어
이승과 저승처럼 엄한 경계를 만든다

계곡의 언저리를 따라 행군하던 개미들, 아직 살아있는 육신이건만 거친 틈바구니에 끼여
몸부림치는 말벌의 몸 재빨리 더듬는다
백여 마리의 촉수가 따끔따끔 쏘아댄다
말벌의 영혼은 경계를 넘나들며 몸부림치고, 나는
풀잎 줄기 하나를 꺾어온다

줄기로는 틈새를 끄집어내고
죽은 사람 깨우는 굿판의 칼 삼아 날카로운 풀잎으로 개

미들을 휘둘러 벗겨낸다
　영혼의 발은 아직도 간간이 나부대는데, 내가 깨어나지 않은 주검을 옮겨 유도화 꽃잎에 앉혀주었더니, 죽은 듯 붙어 있다

　화단에 물 주러 나온 얼마 후, 그 말벌 어디론가 떠나고 없었다

나는 도시인, 내 하루는 10×24다

하지만 내 눈은 2×5다
나는 신문을 운전대에 올려놓고 세상의 잡음 소리를 들으며
운전을 한다
언제나 누가 날 기다리고 있다
일그러진 택시 기사의 눈엔 내 차 바퀴가 되감기 듯
3×5, 2×5, 3×5 로 보인다
내 차 앞을 가로지르는 고양이의 다리가
가물가물 열 개로 뛰다가 열다섯 개로
달려간다

깊은 곳에서 자아올린 내 머릿수는 열 개쯤 된다
철학자, 심리학자, 기타리스트, 서예가, 관상가….
신호등이 얼른 한 잔의 커피를 마시라 권한다
김밥, 통에 담긴 과일을, 끼니를.
콘크리트 알갱이가 과일 통 안에 떨어져 나뒹군다
숫자 10이 고개를 갸웃거리자 날 기다리는 사람이
막 노란 불도 건너가고, 아슬아슬 빨간 불도 뛰어 간다
내 진 바짓가랑이 열 개가
희번덕 곤색 휘장을 길다랗게 치며 계단을 뛰어 오른다

정장 호주머니 속 웅크리고 있던 작업용 빨강장갑이

산 양서류처럼 뭉클뭉클 손에 잡힌다
아아…!
가끔씩 난 소리 없는 절규를 버릇처럼 질러댄다
내 하루가 10×24의 바퀴를 달고 막 뛰어간다

이초우 chowoo21@hanmail.net /경남 합천 출생. 2004년 월간 《현대시》 등단. 시집 『1818년 9월의 헤겔선생』 『웜홀 여행법』.

이해웅

저녁이 되어 외 1편

지금은 저마다의 피를 걸러내는 시간
블랙홀이 도처에 아가리를 벌리고
걸러낸 내 피를 마실 것이다

살아오면서 가슴속 한 곳
붙박이별 하나 묻어두었는데
오늘밤은 내가 앉은 강가로 나오려는지

기척은 있다마는
아직은 떡갈나무 숲의 숨소리가 크고
가지 끝에 앉은 새의 눈초리 날카로워
좌불안석하는 차에
물속에 불쑥 내미는 그대 얼굴
얼마만인가

슬며시 손을 내민다
내민 내 손을 스스럼없이 잡아주는 그대
여울물소리가 지척에서 들려온다

이젠 놓치지 않으리
흘러오는 물살이 나를 밀어내지만
요지부동 나는 한 발짝도 물러나지 않는다

페르소나

나는 지금껏 나 아니 적 없다
지금껏 나는 나인 적 없다
나와 나 아닌 나 사이
천의 나 만의 나가 있다
나는 나인데 나는 나가 아니라고 우긴다
나가 아니라고 우기는 나를
나는 나라고 우긴다

거울 속에는 수많은 나가 걸려있다
외출을 위해 거울을 바라보는 순간
수많은 나가 자기를 골라 달라
아우성이다

오늘의 외출은 연둣빛 엷은 미소다
시무룩해지는 나들을 바라보며
발길을 돌린다

사람마다 가슴속 거울 하나씩은
품고 산다
거울 속 나들은 하나같이
나의 호출을 기다린다

변장술에 능한 내가 외출을 한다

이해웅 yhung40@hanmail.net/1973년 시집 『벽』으로 활동. 시집 『반성 없는 시』 『허공 속의 포즈들』 『사하라는 피지 않는다』 외 다수. 시선집 『산천어가 여는 아침』, 시전집 『시간의 발자국들』 1, 2.

장진명

향을 피우며 외 1편

얄궂다 오늘
입을 크게 벌리고 무릎을 꿇은 사람처럼
허물어진 구름 한 점 지붕위로 종일 머물러 섰다
창문으로는 해가 지고
오래된 대청마루는 등불을 켜들었으므로
부르짖던 입들은 사라지는 줄 알았다
환갑이 넘은 큰 언니는 엎드리듯 졸고
키가 더 작아진 작은 어머니는
늙기 전에 돌아가신 아버지 사진을 닦는다
가세 기운 처마 밑에도 앵두는 붉게 익는데
얄궂다 오늘
쏟아질 듯 낡은 기왓장이 별빛 끝에 모로 서고
누룩 냄새 술 익는 냄새
어떤 말로도 넘을 수 없는 우지끈 금이 간 이야기들
아! 광기어린 가족사를 이야기 하느라 모두들 혀가 닳고
神도 홀린다는 향냄새 그윽이 중사랑채를 넘는 밤
교신을 하듯 작은 어머니 두런두런 청승이다
나는 안다 지금 아버지는 은하수 별빛 아래 신발을 벗는 중이다
일 년에 서너 번은 하늘 저편 어머니 몰래
작은 어머니 보러 오신다
맑은 술 몇 잔에 큰 언니 졸다 꿈꾸는 듯

꽃처럼 허물어져 내린다
나는 가리 듯 향불 돋우어 푸른 연기 피워 올리고
이 밤 살아 있거나 죽었거나
꽃진다 꽃 진다 꽃 진다

천변풍경

 금호강 습지를 지나 경부선 기찻길 까지 걸어갔다
 도시의 버려진 땅에서는 옥수수가 시퍼런 얼굴을 하늘로 뻗었고
 뒷모습이 외로운 사내 둘이서
 대가리 야물어진 피래미를 향해 투망을 던지고 있었다
 이른 아침이라
 습관처럼 일어나면 자면서 걷고
 걷는 동안 어슴프레
 인생의 향방을 가늠하듯이 습지에 맞닿은 길 앞에서 머뭇대곤 한다

 길이 아닌 곳은 돌아 나올 수도 있었다
 맞닿은 길마다 얼마간 발자국을 남겨도 보고
 이른 아침에 흐느끼는 새들은 없을 것이라고
 마음의 섶을 풀고
 피어 번지는 꽃들 사이에
 한웅큼 생각들을 던져 놓았다

 등이 기울어진 노인들이 가끔 잔기침을 하면서
 멀어져 갔고
 천변풍경처럼 풀어놓은 이야기들이
 가끔은 물소리에 섞여

슬픈 짐승의 길고 애처로운 외침으로 들릴 때도 있었다.
피어 번지는 꽃들은
부르튼 습지의 입술처럼 황홀하고
부르다 대답하다 새벽은 연인처럼 천천히 돌아서갔다
생각해보니
아무도 내 슬픔을 알지 못했으므로
나는 허물어진 가슴뼈 하나를 꺼내 억새 푸른 강에 던져 넣었다

장진명 jangjm@hanmail.net/ 경북 칠곡 출생.《사람의 문학》등단, 칠곡문협 회장, 시집 『흑두루미주점』

전홍준

야만적인 외 1편

스리랑카 정글에는 부끄러운 곳만 나뭇잎으로 가린
베다족이란 부족이 살고 있다
동굴이나 바위 밑에다 거처를 정하고
도끼를 어깨에 메고 사냥을 하거나 벼랑에 기어올라
꿀을 채집해 살아가는 원시부족이다
원숭이를 잡은 날이나, 하다못해
냇가에서 비린 고기 한 마리를 낚아도
조상에게 먼저 감사의 제사를 올리고
어린이와 여자에게 골고루 나눈 후, 족장은
자기에게 돌아 온 뼈 한 조각이나
꼬리를 차지하고서
태어 난 후 닦아 본 적 없는 누-런 이 드러내고
만족하게 웃는다

선진 문명국이라는 대한민국에는
상상도 할 수 없는

야만적인!

가을을 노래하다

하늘이

반짝반짝 닦아놓은 시골 초등학교의 유리창 같다

저 속에 풍덩 빠지면

아침 햇빛 속에 스러지는 이슬 같이

근심도 한 뼘씩 물러나겠다

가을은 명의名醫다.

 전홍준 joon04@hanmail.net/경남 의령 산. 2001년 《자유문학》으로 작품활동. 시집으로 『당신은 행복합니까』외 2권.

정안나
기념비적인 봄날 외 1편

무좀이 발을 들고 일어나는 봄날
무좀 주물던 손으로 취나물 무치고
기저귀 갈던 손으로 한라봉을 깐다
말라가던 손에 개나리 핀다

주검을 싣고 내려간 엘리베이터 타고
살아야 하는 식당밥차는 올라온다
수요일에 내려가면 수요일에 올라오고

시트 옷 침대 몽땅 뭉쳐서 하나인 목련이
밖을 내다보고 있다
그 자리에 사로잡힌 채 장례식장을 내다보고 있다
장례식장 옆의 배부른 목련
봄의 대명사는 기념비적으로 도망간다

초대받지 않은 아이가 웃으면서 가고
초대받은 아이가 눈물 속에 오는 곳
새는 마중 나간다
이좋은병원 3층위에는 5층
이좋은병원의 통과의례인 4층을 지난다
4층의 그림자가 엘리베이터를 타고 내려갔다 올라온다

출구에 서다

그는 가래를 빌려서 속을 쏟아낸다
뛰어내리는 속과 내가 마주친다
도망 갈 곳 없이 정통이다
내가 눈에 안 보이는 그는 지금 여기 없다
내가 애인이라고 해도 여기 없다

속을 다물고 담배 연기 꼬나무는 곳에 있다
맥 놓고 흰 속에서 바닥 사이에 있다

주먹질 한 방에 무너져 내리는 기름통들
깔때기에 내리꽂히며 과시하는 기름을 이기지 못해

속살 따갑고 냉담한 이곳은 꿈일지 몰라
한 잠 한 잠 꿈속을 파고들면
작업복 주머니 뜯어지는 소리
엔진오일에 찌든 작업복은 미련하다

친절서비스센터 플래카드가
캑,
야무지게 한 번 더 쏟아져 내린다

화물열차가 지나는 그의 속을 보다

내 목울대에 매달려 통과하는 속을 바라본다
쓰레기통은 우리가 도달해 있는 치욕을 받아 안는다

  정안나 qkfrdma2000@hanmail.net/ 부산 출생. 2007년 《시와사상》 등단.

정의태
바보 같은 아침 외 1편

잿빛 구름이 해를 가린 날에도
너는 있었다
새들이 집어 가는 시간들
바람이 핥고 가는 저녁들
온데 없고
기다림은 더 이상 가지 않고
휑한 길 달리는
사방四方 상실뿐인 오늘도
밥 아닌
너는 길목이다
그들이 세상을 쥐어 잡은 날
가난은 더욱 살찌고
해맑은 모습들 수렁을 뒤적일 때
거머쥔 자들만 성행하는
수상殊常한 날에도
도가니 채우듯 너는
기약 없는 한 무더기로
다가든다.

너희가 강江이더냐

우리의 강을 비틀어 매는 정책이나
강에서 떠난 물고기들의 발자국
날아 가버린 새들 황망한 부리 어디에
공약公約을 두었더냐

상류는 식도다
중류는 소장小腸이며
하류는 대장大腸이다

항문 밖이 강이다
모래톱 이야기는 물결이었다

어디서나 방벽이 되는 공약
강의 순리도 모르는 허깨비
자신의 영욕만 쫓는 놀음장이

시대적 놀음으로 뱃속을 채웠을지니
그로 하여
너희가 강이려느냐

넓혀진 식도와 꿈틀거림이 으깨진 소장
굳고 갇히어 곪아 진 대장으로

네 육신이 갈 길을 찾으라
우리가 일러면

그리하여도
너희의 것을 강이라 여기겠느냐
너의 것을
내장內臟이라 품안고 살겠느냐

정의태 jetks@naver.com/ 부산출생. 1986년 시집 『고독한 자의 수레』, 1989년 《문예수첩》 작품활동. 1992년 『한글문학』 등단. 《시담詩談》 동인. 시집 『까치는 늘 갈 곳이 있다』 『세상의 땀구멍』외.

정익진

코요테를 기다리며 외 1편
―피아노

위층에서 똑 같은 음의 피아노소리 들려온다
동일한 음의 반복은 빨간 방에
오랫동안 갇힌 사람이 미쳐버리듯
사람을 지치게 만든다
그것은 외계인에게 보내는 암호음,
똑같은 말을 되풀이 하는 모조입술
쇤베르크가 작곡한 또 하나의 무조음악 일 수 있다
제목은 '크고 작은 하나가'

그는 교회 장로였고 중국에서 딴 한의사 자격증으로
불법으로 침을 놓다 밀고를 당했다 한다
사냥개들에게 쫓기며 허리를 뜯겨버렸는지
잔인함을 견디느라 뇌가 상해버렸다

바퀴벌레 떼의 불길함이 엄습한다
목덜미가 근질거리고
과다한 위산분비로 속이 쓰리다
그러니까 '아'에서 '에'로 변주
자폐아들이 숫자에 몰두하는 것처럼
'에이오' '에이오'…… 결국 내 귀로는
'아니오'라고 들려온다, 아니오, 아니오
모든 것을 '아니오'로 뒤덮어 버린다

면역성을 상실한 아버지가
피를 너무 많이 흘려 돌아가시고
그 가족들이 오열하는 소리가 계속 들려온다
파리 떼가 피 묻은 올가미 주변을 앵앵거린다

어울리지 않게
창밖에서는 봄비가 추적추적 내리고
벚꽃 잎 떨어지는 동안, 피아노는
거대한 아귀가 되어 연주하는 그의 두 팔을
덥석, 깨물고는 그를 꿀꺽, 꿀꺽 삼켜버린다

코요테를 기다리며
-출근

45° 기울어진 버스를 탄다
창문 밖으로 키 큰 나무들의 행렬
눈과 비와 우박이 차례대로 내리고
사계절이 지나간다. 언제 이 길을 다시 돌아올까
집 나올 때, 바람을 잘 잠그고 나왔는지
과일껍질을 어디다 두었는지
냉장고 위에 올려놓은 내 손가락에
곰팡이가 피지는 않았는지

어디까지 가야하나, 어디서 내려야 할까
몇 정거장만 더 가볼까
화분은 나 없이도 잘 자랄까
한 마리뿐인 금붕어, 잘 키워야겠지
물도 제 때 갈아주면 좋겠어

기울어진 버스가 멈춘다 덜컹,
검은 제복, 검은 넥타이들이 빠져나가고,
어둠 속에서 낚시를 하고 있던 사람들이 올라탄다

해피는? 칙칙폭폭
요즘은 혼자서도 잘 놀아. 알아서 잘 챙겨먹기도 하고
내일도 집을 뛰쳐나와 도로 중앙선에 앉아 똥을 누겠지

그 외 나쁜 짓도 척척 잘 알아서 하지

기울어진 버스 창밖으로
구름 가라앉고, 시냇물 떠 있고
버스는 폭주기관차처럼 정류장에 멈추지 않고,

 정익진 ij0715@hanmail.net/부산 생. 1997년 《시와사상》 등단. 시집 『구멍의 크기』, 『윗몸일으키기』

조성래

고요한 시간 외 1편

항암 주사 맞은 아내
심하게 구토한 후 이틀째 방에 누웠다
나는 아무 도움 주지 못하고
혼자 아파트 거실을 서성댄다
창밖엔 도시의 일상이 도로를 질주한다
볕이 잘 드는 고층 거실은
적멸보궁보다 고요하다
아내가 누운 방과 내가 서성대는 거실 사이
서로의 외로운 시간 비집고 지나가는 계절
이 순간에도 얕은 구름의 그림자는
미세한 층간소음 울리며 아파트 이마를 건너간다
생각하면 오늘처럼 환한 햇빛
우리 집 베란다를 몇 번 방문했는지
나는 기억해낼 수 없다
다만 지난여름 부전시장에서 사온
덩굴식물의 넓은 잎이 초록 윤기 잘잘
거실 벽면으로 기어오를 뿐!

추어탕

기장읍에서
반송으로 넘어오는 고갯마루
세월에 모지라진 추어탕집이 외따로 있었다
원자력병원에서 사이버나이프 치료를 받은 아내
식욕 없는 중에도 유독
뜨끈한 추어탕 한 그릇 먹고 싶다 했다
농막처럼 생긴 민가의 하우스 안
장작 지피는 난롯불 주위에 둥근 나무탁자
여럿 놓였고
거기 둘러앉은 막일꾼 몇
막걸리에 추어탕을 곁들이고 있었다
우리도 추어탕을 시켜먹었는데 산초가루
넣은 국물 맛있다고
아내가 오랜만에 밥 한 그릇을 다 비웠다
난롯가에 앉아 있으니 이내 노곤했지만
모처럼 가족끼리 맑은 오후였다

조성래 casscho@hanmail.net / 경남 합천 출생. 1984년 이후 《지평》, 《실천문학》 등단. 시집으로 『시국에 대하여』, 『두만강 여울목』 외. 현재 학산여고 근무.

조해훈

순쌀빵집 외 1편

세상에 논리만 있고 예술이 없다면
우리의 삶은 아무짝에도 쓸모없을 지도 모르니
하루에 한 번도 햇빛을 받지 못하는 나무의
창백한 깊이를 재는 얼굴만 있을지도
그러나 세상이여, 창밖 광안리 바닷가에 끊임없이 밀려
오는 파도여
순쌀빵집에 앉아 커피를 마시며
인간은 논리보다는 운명, 그것이 예술일지도
바로 여기에 우리의 결점 많은 인생이 놓여 있나니
파도 끝 저 포말은 나의 자조일 게다
아, 여운을 남기길, 아직도 삶에는 우연이 있나니

일광역

역은 애초에 사라지라고 생겨났을지도
아니, 처음부터 슬픔이라는 이름을 갖고 태어났을지도
세상은 늘 변증법으로 흘러가는 것이 아니던가
그렇게 스쳐갔던가
일광역 앞 복국집에 갔는데
역은 없어지고, 그 자리에 비애의 햇살만 가득하구나
이제는 불러볼 수조차 없는 애인의 이름 같으니
아, 운명의 변이는 불가능한 것 같도다

조해훈 massjo@hanmail.net/경북 달성 출생. 시집 『붕어빵』, 『히 줄래기』 외

차승호

穴居時代 외 1편

  부산역 계단 귀편 후미진 곳 지나다 덥수룩한 수염의 사내 만났네. 80년대 공기 압축식 석유버너가 아닌 부루스타, 가스버너로 라면 끓이는 사내

  몇 번은 사용했음직한 나무젓가락을, 몇 번은 사용했음직한 종이컵 위에 올려놓고 연신 냄비뚜껑 여닫네

  매운 입맛 다시며, 분말 스프 털어 넣기 무섭게 국물 뜨는 사내. 입천장 하얗게 열리는 홧홧한 입이네, 헛헛한 내 속이 다 풀리네

  언뜻 보면 라면 한 그릇으로 뜨거운 숨 고르는 도반 같기도 하네. 오늘도 如如하시냐, 묻지 않았지만 낡은 골판지 위에서 하루를 조감할 모양이네

  누구라도 길 위에서는 너나들이 친구가 될 수 있어서 쓰거운 소주 한 병 받고 싶지만 악수하듯 마주 앉고 싶지만, 아무래도 저 종이컵으로 한 잔 권할 것 같네

  눈 딱 감고 받아 마실까, 마실 수 있을까?

  주춤주춤 기차에서 내린 사람들 비둘기처럼 흩어지고, 부산역 지붕 위로 달이 뜨네, 無明의 달이 뜨네

달밤

무논에서 방금 나온 발목들이
흙 묻은 세류리 발목들이 회관 마당에 모여
이빨 빠진 호마이카 상 두드린다

막걸리에 소주 農心酒 한 잔 말아먹고
고장 난 벽시계는 멈추었는데
저 세월은 고장도 없*다고
끗발 없는 들판, 세월마저 속절없는 심사를
요로코롬 잘 표현한 예술도 없다고
젓가락 장단으로 십팔번을 짚는다

문패도 번지수도 없는* 무정세월 앞에
비린내 나는 한평생 농투성이 우리는
삼팔광땡 금 따는 인생이던가
삼팔따라지 껍데기 인생이던가

눈 밝은 누가 카톡을 했는지
먼저 죽은 이들까지 쪽배 타고 건너와
아직 죽지 않은 발목들 어루만진다

이 풍진 세상, 세상만사가 춘몽 중에
또 다시 꿈*이라는 세류리 늙은 발목들

십오야 밝은 달이 둥실둥실 떠오르고*
술잔 가득 달빛 고인다, 달빛에 취한다
산 자도 죽은 자도
모닥불처럼 앉은 자리에서 일어나
덩실덩실 춤을 추는 달밤,
휘영청 달밤이다

* 가요《고장 난 벽시계》,《번지 없는 주막》,《희망가》,《십오야》에서 빌려옴.

　차승호 hosung38@hanmail.net/ 2003년 시집 『즐거운 사진사』로 활동. 2004년《문학마당》신인상. 시집 『소주 한 잔』외.

최승아

광대들 외 1편

우리는 가면 위에 가면을 덧씌웠다 가면 뒤에 숨어 목청을 허스키로 갈아 끼우고 소품으로 웃음을 그려 넣었다 우리는 웃지 않고도 웃었다 분장이 끝나면 우리는 조금씩 누군가의 얼룩이 되었다 박자에 맞춰 허밍으로 노래를 불렀다 노래는 부메랑으로 돌아와 후생의 우리를 겨냥했다 바닥이 공중을 솟구쳐 올랐다 흉내를 냈지만 우리는 날아오르지는 않았다 구름을 지웠는데 후두둑 빗방울이 떨어졌다 분명 웃었는데 흘러내린 건 눈물이었다 박수소리는 들리지 않았다 객석은 잔잔했다 무대 밖을 뛰쳐나가려다 안으로 넘어졌다 리허설은 끝이 났다 조명을 벗고 비굴해진 발을 꿈속으로 밀어 넣었다

인디언서머

늙은 개의 혓바닥에
낮달이 길게 늘어져있다

한낮이 바닥에 흥건하다

지구본을 돌리듯
우리는 태양을 요리조리 돌려가며
정수리부터 조금씩 뜯어먹기 시작했다

시간은 파운드케익처럼 부드러웠고
정오는 길게 이어지고 있었다

우리는 여전히 배가 고팠다

그늘을 베고 누웠다
잠은 오지 않았다

낮달이 길어지고 있었다

최승아 choiys0707@naver.com /2012년 《시와사상》 등단.

최영철

우레 외 1편

종일 말 한마디 하지 않고
휴대폰 배터리가 다 닳았다

목마르다 적적타
마른 땅이 소리치자
천둥번개가 화답했다

너 그래

나 그래

바이올린 듣는 밤

끊어질듯 끊어지지 않는 비명

날을 세워 자지러지지만

숨통 끊어놓기 직전

아무도 다치지 않아야 할

철천지원수의 결투

　최영철 cyc@hanmail.net/ 1986년 〈한국일보〉 신춘문예 당선. 시집 『찔러본다』 『일광욕하는 가구』외, 육필시선집 『엉겅퀴』, 산문집 『동백꽃, 붉고 시린 눈물』외. 백석문학상, 최계락문학상, 이형기문학상 수상.

최정란

눈사람 외 1편

소심한 불령선인이었던 그는
비뚤어진 등뼈를 가방에 쑤셔넣고
식민지의 교문을 떠나
고향집 다락으로 돌아갔다

얼음처럼 차가운 그의 다락에는
책과 편지들이 먼지를 뒤집어쓰고 쌓여있었으나
책들은 봄이 되면 녹아내리고
겨울이면 다시 얼어붙기를 반복하다가
마침내 더 이상 얼기를 포기했으므로
대를 물린 것은 책과 편지가 아니라
먼지들이었다

그의 기록은 불타서 없어졌으므로
아무도 그를 증명할 수 없으나
혹은 녹아 증발했다는 소문이 있으나
그의 가계는 여전히
보이지 않는 불령선인의 비뚤어진 등뼈를
자랑으로 여긴다

그의 가계를 떠나온 지 오래 된 나는
다른 뼈를 내 몸에 새겨 넣고

녹아 증발하는 즐거움을 학습했으나
둥글고 차가운 몸은 여전히
따뜻한 난로 앞으로 다가가기를 주저한다

부표

  집요하게 물 위에 띄운 슬픔, 나는 겉돈다 나를 물위에 띄우는 것은 깊이를 모르는 안간힘, 깊이 끌려 들어가지 않아야 한다 완장 벗고 속 비우고 힘 빼고 가볍게 더 가볍게 파도의 등에 매달린다 얼마나 간절히 표면에 매달려야 하나 얼마나 겉도는 일을 깊이 사랑해야 어떤 해류에도 휩쓸리지 않는 선명한 기호가 되는 것일까 얼마나 더 막막해야 하는 것일까

  최정란 cjr105@hanmail.net/2003년 〈국제신문〉 신춘문예 등단, 시집 『여우장갑』 『입술거울』

최휘웅

건망증 외 1편

무엇인가 잃어버렸을 때
옆구리가 허전해서
뒤를 돌아보는데
기억은 자꾸 어둠 밑을 헤맨다.
전조등 켜고 열심히 더듬거리지만
까마득한 빛이 건너오다가
전봇대 뒤로 숨었다.
머리카락만 잠깐 보였을 뿐
시는 아직도 오리무중이다
올라올 듯, 잠수해버리는 명사들
아니 동사였는지도 모른다
문장의 처음과 끝,
아귀가 맞지 않아서
담배 연기 속에 머리를 싸맬 때처럼
신경은 팽팽해지고
그러고 보니 나의 생은
잃어버린 것 찾아 허덕이는 생이고
늘 황당한 긴장의 연속이고
기억을 더듬고 또 더듬다가
어설프게 닻을 내리는 엉성한 부두다.
시끄럽고 어수선하게 허둥대다가
허공으로 둥둥 떠내려가는 고무풍선이다

집 나간 나

하늘을 표절하고
산을 표절하다가
바다에 와서 목을 놓는다.
도무지 내가 표절이 되지 않아서
깊은 밤 뜬 눈으로 지새우며
집 나간 나를 찾아 헤맨다.
이 처절한 심정을 알기나 하는지
강아지가 컹컹 짖는다.
내가 표절한 시의 곳간을
마음대로 휘젓고 다니다가
눈망울이 물컹해져서는
나를 빤히 쳐다본다.
그 눈에 박힌
나는 도대체 누구인가

최휘웅 choong44@hanmail.net/1982년 《현대시학》 등단. 시집 『절대공간』, 『환상도시』외. 『녹색화면』, 평론집 『억압. 꿈. 해방. 자유. 상상력』 현재 계간 《시와사상》 편집인.

한보경

개와 늑대의 시간 외 1편

그는 조만간 올 것이다
나는 당분간 행복하다
그는 조만간 오지 않을 것이다
나는 당분간 불행하다
햇살이 초로기 치매를 앓는 동안,
그가 올 것이라는 사실조차 까맣게 잊기를
까맣게 잊었다는 기억조차 까맣게 기억하지 못하기를
기억과 기억의 경계에 애매하게 서서
어김없이 마음이 먼저
소리 없는 파문을 들을 수 있기를
조만간 그는
그래도 올 것이므로
당분간 그는 오지 않는다

돼지국밥 24시

밤새 바닥을 끓이고 있다

바닥의 캄캄한 통뼈를 추려
어둠을 우려내고 있다

태생의 고통에 길들여진
마조히즘이 눙그라지고

캄캄한 바닥이
새벽처럼 뽀얗게 끓기 시작한다

잘게 칼집을 낸
막다른 골목이 환하게 밝아지고 있다

한보경 jandi21@hanmail.net/2009《불교문예》등단. 웹 월간시
《젊은시인들》편집장. 시집 『여기가 거기였을 때』

해 연

보름달이 이어준 다리 외 1편

송도에서 한 걸음
영도에서 한 걸음
손 흔들며 걸어온다

이어질 수 없었던 섬
바다위에서 하나가 된다

바라만보다 깊어진 그리움
길고 긴 밤들을 지새운 날들
아픔이 되었다

응어리 진 가슴들이
서로의 상처를 보여주며
가까이 다가간다

아픔으로 새겨진 불빛
하나 둘 모여 둥글어진 보름달
한없는 웃음으로
두 섬을 이어준다

그네를 닮은 여자

놀이터 등나무 의자에
길게 누워 있다
햇살에 그을린 얼굴
잠에서 깨어난 표정은 아기같다

사람의 시선 따윈
아랑곳하지 않는 여자
어디선가 불어오는 바람에
흔들리는 그네를 닮았다

해 연heayeon7@hanmail.net/경남 김해 출생. 시집 『닮고 싶은 웃음』으로 작품 활동. 시집 『젖은 빛』, 『햇살방향』, 『꽃으로 온 아가』, 〈참시〉 동인.

황길엽

빈혈 외 1편

천정에 지문자국이 박쥐같다
얼굴위로 쏟아져 내리는 검은 그림자
스물 스물 온몸으로 퍼지는 소리
먼 산을 깨우는 징소리 같다

차마 잊었다고 말하지 못하는 그 말
입술에서 떨어져나간 소리
방안 가득 퍼질러 놓고
찰랑거리는 바람으로 창틀에 앉았다

질우疾雨처럼 쏟아지는 어둠
사방에서 질척이는데
좌석에 끌려 바닥 깔고 누운 몸에서
황금빛 노래가 흐른다

맛깔스런 유행가 가사가
하나둘 창문에 찍힐 때마다
홀쭉해진 골목 하나 꺾어가는
빈껍데기 몸에서 천둥소리가 난다

시간

　기름은 불판위에서 춤을 춘다 쟁반 위를 붉게 달구어놓은 스테이크 한 조각
　나이프를 건너뛴 포코손잡이가 바닥을 향해 활활 타오르는 시간
　멈춰버린 손끝에는 물컹한 시계초침소리 같은 작은 소리들만 소스라치게 놀라 쟁반위어 뚝 떨어진다 더듬거리는 소녀는 까만 어둠만 한가득 테이블을 채우고 달그락거리는 쟁반위에 애써 포크만 눌러댄다 세상을 환히 밝힐 수 있는 빛과
　작은 소리로라도 만지작거릴 수 있는 시간을 집어 올린다
　날개 짓보다 더 펄럭이는 가슴 온전히 걷지 못하고 그렇다고 주저앉아있지도 않으면서 파닥파닥 가슴만 뛴다 목덜미를 치고 후다닥 뒷걸음으로 멀어지는 하루

　황길엽 p-hwang@hanmail.net/ 1991년《한국시》등단.　시집『비문을 읽다』외 3권. 시울림 시낭송회 회원. 양산신문사 재직.

황학주

맑은 개천처럼 외 1편

언덕에 가건물들이 있고 마른 나무가 있는데
높은 계단을 꿈으로 끌고 걸어야 하는 사람이 보인다
작은 진료소가 있고 아물지 않는 아이들이 집으로 돌아간다
알지 못하는 곳으로 우듬지 위가 있고 뿌리 밑이 있다
암당나귀들이 있는데 어머니들처럼 종일 안 마시고 울어도 눈물이 난다
팔짱을 끼고 비스듬히 벽에 기댄 질문이 있고
다리를 쭉 편 대답이 있는 그늘 밑
새떼처럼 말 안 듣는 희망을 조작하는 가난한 선생이 있고
거짓 생신으로 태어난 평화를 기념하는 군인들이 있다
좋아서 입 벌리고 넘어가는 검은 연기가 있다
비가 오는 기적과 오지 않는 기적이 매듭처럼 얽히고
가시덤불 속에 맑은 개천처럼 피 흐르고

올로마이야나*와의 여행

이발기가 목덜미 위에 얹힌 듯
아이는 약간 고개를 숙이고 걸어 나왔다
군화를 신은 형이 뒤에서 목을 누르며 밀어주었다
그 사이 나는 아이의 눈 물그림자에 어룽대는 메아리를 보았다

옥수수죽이 떨어지는 주말 저녁은
대지의 어떤 실패작도 먹을 수 있는 아이들을 원하고
아버지를 찾아다니면서 어머니도 모르는 아이를
기르는 바람 자갈 모래는 남아돌았다
흔한 일은 아니지만 출발점이 없는 걸음도
모래에 빠지지 않는 발바닥도 있는
알 수 없는, 어디라고 할 것 없는 사막과
돛대가 홀로 꽂혀 있어본 적이 사막들
이 대지를 딛고 끝을 향해 떠난 사람 말고는 끝을 생각할 수밖에 없어
아이는 바지 속에서 발을 절며 형과 작별을 나눴다

구릉 중턱을 도는 긴 길은
이맘때 애정이 생기는 염소와
이 길을 간 아이들을 기억하고 있다는 느낌이 들고
나 같은 노인이 찾아와 초에 불을 붙인 밤을 이야기해주

는 듯했다
 아이는 힘들다는 말은 몰랐지만
 눈이 신 원숭들의 이름을 하나씩 차창에 쓰고 지웠다
 사는 동안 미리 죽기도 하는 사람들이
 묵은 뜰채를 써서 아침을 건져 올리는 동안
 곯은 수박 같은 달이 지붕 위를 구르는 중이었다

*올로마이야나는 6년 후 탄자니아 다르에스살람대학교 학생이 되었다.

　　황학주 /1954년 광주 출생. 1987년 시집 『사람』으로 활동. 시집 『내가 드디어 하나님보다』 『갈 수 없는 쓸쓸함』 『늦게 가는 것으로 길을 삼는다』 『너무나 얇은 생의 담요』 『루시』 『저녁의 연인들』 『노랑꼬리 연』 『某月某日의 별자리』가 있다.